AF236376

2018. Erste Auflage. Ungekürzt.

Verlag Kunst und Kapitalismus.
Erste Auflage.
Copyright © Alexander Denkert, 2018.
Alle Rechte vorbehalten.
Herstellung und Verlag: BoD-
Books on Demand, Norderstedt
ISBN 9783752858310

ALEXANDER DENKERT

WEIL ICH DACHTE, DASS ICH MUSS

Memoir

Ertrag es

Schon beim Frühstück war ich nervös, auch etwas ängstlich. Insgesamt angespannt. Nicht nur, dass ich nicht wollte. Erste Tage fühlen sich einfach meistens grauenvoll an und ich hatte schon so viele davon in diesem Jahr.

Ich war bereits fertig mit dem Essen, machte frischen Kaffee und versuchte mich selbst zu beruhigen, da meldete mein Telefon einen Anrufer. Die Nummer sagte mir nichts und als ich den Anruf entgegen nahm, meldete sich Herr Schmidt, der Mann bei dem ich vor zwei Tagen erst den Vertrag unterschrieben hatte. Er sagte mir, man würde mich heute nicht brauchen und es täte ihm leid. Ich fühlte Erleichterung. Dann fragte er mich, ob ich an den restlichen Tagen statt 14.30 Uhr nicht schon 11.00 Uhr kommen könnte. Ich sagte *11.00 Uhr ist nicht 14.30 Uhr*. Ich war bereit die ganze Geschichte abzublasen. Am Telefon kam es zu keiner Klärung. Wir wollten beide nicht nachgeben und so verblieben wir. Die Anspannung war gelöst. Ich lief redend durch die Wohnung und wollte mich grad einer viel lustigeren Sache widmen, als Herr Schmidt erneut anrief. Er sagte, das sei nun der peinliche Anruf, in dem er mich fragen müsse, ob ich nicht doch heute arbeiten könnte. Ich war enttäuscht, aber willigte ein. Und da fragte er mich noch ein Mal, ob ich die restlichen Tage nicht doch schon um 11.00 Uhr kommen könnte. Und auch da sagte ich: *ist okay*.

IFA Tag 1

Ich laufe zum Bahnhof Bornholmer Straße, da an der Ringbahn gebaut wird. An der Bornholmer Straße wird auch gebaut, aber nur die Straße. Die Anspannung ist wieder da. Ich gehe in schnellen Schritten, muss aber feststellen, dass die Bahn, die ich erreichen wollte, grad wegfährt. Ich hätte eher losgehen müssen, ich hatte mich verlesen. Ich spüre, wie die Anspannung in mir größer wird. Von hier fährt so ziemlich alles über Friedrichstraße, denke ich mir. Aber da kommt lange nichts. Ich beginne zu rechnen. Das macht mich nur noch nervöser, aber ich kann es nicht lassen. Endlich kommt eine Bahn. Umsteigen Friedrichstraße ist kompliziert, denn auch da wird gebaut. Ich gehe einen umständlichen Weg zum richtigen Bahnsteig und stelle fest, es wäre auch einfacher gegangen. Ich rechne wieder und steige in die nächste Bahn, die zum Westkreuz fährt und steige da aus. Auf der Fahrt dahin, bekomme ich eine Panikattacke, weil ich kurz glaube, ich sei zu weit gefahren. Ich habe noch zehn Minuten. Das wird knapp. Aber wenn ich den Weg gleich finde, dann sollte das reichen. Ich finde den Weg gleich, laufe durch den Fußgängertunnel und über die riesige Kreuzung vor der Messe und bin pünktlich.

Herr Schmidt ist es nicht. Ich warte wie verabredet am Tor 9 auf ihn. Es ist hektisch am Tor 9. Ständig kommen Autos von der großen Straße in die Einfahrt gefahren und ich stehe im Weg. Außerdem strahlt die Sonne heute sehr heiß und ich suche Schatten und Herrn Schmidt. Da ruft er mich an und sagt, er würde noch fünf Minuten brauchen. Insgesamt warte ich mindestens 20 Minuten. In der Zwischenzeit hat ein Ordner mir gezeigt, wo ich warten soll. Er hat es mir eher befohlen. Herr Schmidt begrüßt mich freundlich. Er ist ohnehin ein sehr freundlicher Mann. Klein, aber gutaussehend. In einem schmal geschnittenen Anzug, mit Einstecktuch, aber ohne Krawatte.

Er führt mich über einen kompliziert wirkenden Weg zu seinem Auto. Er gibt mir eine schwarze Hose. Ich trage bereits eine schwarze Hose, doch für den Fall, die wären damit nicht zufrieden, soll ich besser mal die neue anziehen. Wir gehen weiter, benutzen Fahrstühle, Rolltreppen, gehen durch schwere Türen. Ich habe längst die Orientierung verloren. Wir kommen bei einem Mann mit Schnauzer und Brille an, der mich fragt, in welcher Größe ich mein schwarzes Polohemd haben will. Ich denke S und sage *M*. Er schaut mich an und fragt *Sicher? Sie müssen das in die Hose stecken!* Ich nicke und unterschreibe einen Zettel auf dem steht, dass ich ein schwarzes Polohemd, Größe M erhalten habe. Ein junger dicker blasser Mann, vielleicht um die 20 ist zu uns gekommen und erklärt mir, was ich mit meinem Hemd mache, sollte es schmutzig oder durchgeschwitzt sein. Er hat Spaß dabei. Der schnauzbärtige Mann steht aufmerksam neben uns und bestätigt lobend. Der blasse und ich gehen in einen Raum, in dem wir uns umziehen. Die Hose ist verdammt weit. Das Polo auch. Ich fühle mich wie ein Clown. Meine Sachen stopfe ich in meinen Rucksack, den Rucksack in einen Gitterwagen voller anderer Rucksäcke und Taschen. Dann verschließt der Mann, der mir mein weites Polo gegeben hat, den Gitterwagen mit einem Schloss.

Nachdem mir alles zur Kleidung erzählt wurde, folge ich nun wieder Herrn Schmidt. Wir fahren mit der Rolltreppe nach unten, kreuzen den Weg einer Hostess. Er sagt *Diese Hostessen!* Ich sage *Nicht in der Hose.* Und er antwortet *Frauen, die nur auf Äußerlichkeiten achten* ohne die Absicht, diesen Satz noch beenden zu wollen. Ich bemerke, wir reden von Hostessen. Nach einer Weile kommen wir zu zwei Fahrstühlen, die sich gegenüber voneinander befinden. Die Türen befinden sich an der Außenseite des Gebäudes, aber es gibt einen kleinen offenen Vorraum für sie. Herr Schmidt trifft hier und auf dem ganzen Weg schon immer wieder Leute, die er freundlich und locker mit Handschlag begrüßt.

Wir fahren in den dritten Stock, gehen durch eine Spülküche und kommen in einen Raum voller Männer in schwarzen Polohemden. Hinter drei zusammengeschobenen Tischen sitzen zwei Männer und eine Frau, natürlich alle komplett in schwarz. Herr Schmidt sagt, dass ich mich nun jeden Tag bei denen anmelden soll. Am besten fünf bis zehn Minuten vor Dienstbeginn. Einer der Männer, er ist sehr dick, fragt mich nach meinem Namen und trägt diesen und die Uhrzeit in eine Tabelle auf einem DIN A5 großen Blatt Papier ein, das jetzt quer vor ihm liegt. Dann beachtet mich keiner mehr. Ich nehme an, dass ich nichts weiter zur Erfassung beitragen muss. Herr Schmidt fragt mich, ob ich etwas trinken möchte, gibt mir einen Becher und gießt Wasser ein. Es gibt nur sehr kleine Becher - Espressotassen to go. Ich setze mich zu den anderen, die genau so aussehen wie ich, auf eine Bierbank. Herr Schmidt geht weg. Nach einer Weile kommt eine Frau in einem schwarzen Polohemd herein und erzählt mit lauter Stimme, dass man an einer bestimmten Stelle nicht mehr rauchen soll, da sich jemand beschwert hätte. Stattdessen, soll man eine Stelle auf der anderen Seite des Gebäudes dafür aufsuchen. Dann steht einer der Männer hinterm Tisch auf, hält einen Zettel hoch und bittet alle laut darum ihm zuzuhören. Dann beginnt er zu erklären, was bei diesem Zettel und beim Abräumen zu beachten ist. Ich höre das alles zum ersten Mal und verstehe fast gar nichts von dem, was er da sagt.

-Und bei dir? Wie läufts?
-Ich weiß nicht so recht. Ich habe keine Ahnung was ich machen soll. Ich warte nur.
-Hmm... Sind da keine Leute, die dir sagen was abgeht?
-Doch. Aber ich verstehe nichts. So wie es aussieht sind wir Abräumer. Und dann soll ich Dinge zählen die ich abräume. Ich verstehe nichts.
-Dann frag nochmal jemanden.
-Ich warte bis was los geht.
-Ok. Na wenn das niemandem negativ auffällt, dass du wartest..
-Ne, alle warten.
-Ich hätte mir fast ein schwarzes Minikleid gekauft.
-Ouh. Bist zur Zeit im Kaufrausch?
-Ich glaube schon.

-Töööööööte mich.
-Ach neiiiiin!!! Ist es so scheiße dort?
-Classic erster Tag.
-Scheiß erste Tage! Am besten du rauchst mal eine Zigarette.
-Zigaretten im Spind vergessen.
-Noooooo! Und der ist zu weit weg? Dann musst du einen Kollegen anhauen.
-Ich warte mal ab wie alles abläuft.

Da werde ich gefragt, wie ich denn gleich noch mal heiße. Und dann sagt man mir, ich solle mit Steffen mitgehen. Steffen sagt mir, ich soll mir einen Wagen schnappen. So ein Wagen besteht aus einer Ladefläche mit einem Geländer zum Schieben oder Ziehen und vier Rädern. Zwei davon, die unterm Geländer, sind beweglich, mit ihnen kann man also lenken. Außerdem haben diese beiden Räder jeweils einen Hebel zum festsetzen. Man nennt diese Wagen hier Plattenwagen. Woanders nennt man einen Plattenwagen einen Wagen mit dem man Platten transportiert und der sieht ganz anders aus.

Steffen geht voran und ich folge ihm. Er liest unser Ziel von Zetteln ab, die man ihm mitgegeben hat und wir laufen mit unseren Wagen durch die mit Messeständen und Messebesuchern gefüllten Hallen. Währenddessen erzähle ich ihm, dass heute mein erster Tag ist. Er antwortet, dass auch er heute das erste Mal da ist. Dabei bewegt er sich so sicher, dass ich das kaum glauben kann. Aber bestimmt ist er auch ein paar Stunden vor mir gekommen. Steffen trägt an seinen Gürtel befestigte Boxen mit sich herum. Darüber spielt er Musik von seinem Handy ab, die er letzte Nacht noch selber komponiert hat. Das behauptet er zumindest. Das Display seines Samsung ist völlig zerstört und er erzählt mir begeistert mit aufgerissenen Augen und leicht lispelnd, dass er Hoffnung hat, hier auf der Messe ein neues zu bekommen. Wenn wir an einem Messestand angekommen sind, der auf unserer Liste steht, betritt Steffen diesen und sucht einen Verantwortlichen. Oft vergisst er dabei seine Boxen aus zu machen. Hat er einen gefunden, fragt er ihn, ob es schon etwas zum Abräumen gibt. Die meisten Aussteller schauen ihn darauf hin fragend an und er beginnt zu erklären, dass wir zum Catering gehören und sollten sie Pfand oder benutztes Geschirr abzugeben haben, dann würden wir das jetzt auf unsere Wagen packen und mitnehmen. Erst jetzt verstehe ich, was mein Job für diesen und die nächsten sechs Tage sein wird. Während wir unserer Arbeit nachgehen, unterhalten wir uns. Steffen hat früher im Messebau gearbeitet. Da hat er viel mehr Geld verdient. Viel mehr! Aber jetzt hat er erfahren, dass er bald Vater und eine Familie haben wird. Deshalb will er regelmäßiger Arbeiten. Dafür verzichtet er auf das unregelmäßige viele Geld. So ganz kann ich das nicht nachvollziehen. Die Regelmäßigkeit wäre mir egal, ich würde immer das viele Geld vorziehen. Dieser Gedanke verdeutlicht mir meine Situation.

Unsere Liste ist abgehakt. Wir sind jeden Stand angelaufen, aber keiner hatte etwas abzugeben. Also gehen wir, die leeren Wagen hinter uns herziehend, wieder zu dem Raum zurück, in dem alle warten. Es dauert auch nicht lange, da sagt mir die Frau, die vorhin noch erklärte, wo man besser nicht raucht, dass ich nach Hause gehen könne. Sie schreibt mir eine halbe Stunde extra auf. Damit du wenigstens auf vier Stunden kommst. Das sind 36 Euro. Brutto. Also gehe ich und suche den Raum, in dem sich mein Rucksack befindet. Ich verlaufe mich dabei und rufe Herrn Schmidt an. Ich finde den Raum nach seiner Beschreibung. Die Tür steht offen, weil jemand anderes drinnen zu Gange ist. So komme ich ohne nach einem Schlüssel fragen zu müssen rein, ziehe mich um, nehme meinen Rucksack und bin weg.

-Nach ner Weile ist es dann immer ganz erträglich.
-Wie lange geht es denn heute?
-Ich bin schon auf dem Heimweg, weil heute nicht viel los war. Aber ab morgen dann 8-10 Stunden. Eher 10.
-Urgh 10 Stunden ist schon viel. Aber gut: wenigstens bezahlt.

IFA Tag 2

Heute und die restlichen fünf Tage auch beginne ich also um elf mit der Arbeit. Fünf bis zehn Minuten früher soll ich mich anmelden, wie Herr Schmidt gesagt hat. Und eine halbe Stunde eher, soll ich auf dem Messegelände eintreffen, wie in der eMail steht, die ich vorgestern mit allen Anweisungen und einem Plan des Messegeländes erhalten habe.

Ich spüre, wie die Arbeitsschutzschuhe durch meinen Rucksack hindurch in meinen Rücken drücken. Die haben Stahlkappen und ich habe sie mir letztes Jahr für einen anderen Job kaufen müssen. Ich hatte sie als unbequem in Erinnerung, war aber gestern von ihrem Tragekomfort angenehm überrascht. Jetzt trage ich die Schuhe zur Bahnhaltestelle, weil ich mit ihnen an den Füßen nicht gesehen werden will. Ich bin weniger angespannt als gestern. Ich denke auch, dass ich zeitig genug das Haus verlassen habe, um nicht in Zeitnot zu geraten. Aber so richtig traue ich

mir, der Uhr und der Bahn noch nicht. Die Anzeigetafel am Bahnsteig kann mich auch nicht vollends
beruhigen. Ich drehe mir eine Zigarette. Normalerweise rauche ich fertige Zigaretten aus der Schachtel
und auch nicht so viel. Aber wenn ich irgendwohin
arbeiten gehe, dann fange ich mit dem Rauchen an
sobald ich das Haus verlasse und höre erst wenn ich
wieder zu Hause bin damit auf. Ich nehme zwei Züge,
da fährt die S1 ein, obwohl die blaue Tafel ihrem Eintreffen noch mehrere Minuten gegeben hat. Ich trete
die Zigarette aus und gehe hinein. Die Türen bleiben
ungewöhnlich lange offen und ich fange wieder an zu
rechnen, ob ich rechtzeitig da sein werde.

Eine halbe Stunde vor Arbeitsbeginn bin ich nicht
da, aber zwanzig Minuten. Ich gehe zur Halle 7c, da
wo ich gestern mein Polohemd erhalten habe, gehe
zum Büro des Mannes, der es mir gab, und bitte ihn
mir den Umkleideraum aufzuschließen. Er fragt nach
meinem Namen und schaut dann in eine Liste, ob er
ihn finden kann. Es sieht aus, als hätte er keinen Erfolg. Aber das scheint normal zu sein und die Listen
fehlerhaft und unvollständig. Er fragt mich, ob ich ein
neues Polohemd brauche. Ich überlege kurz und verneine. Er fragt, ob ich sicher sei, denn dann müsse er
einen anderen Schlüssel mitnehmen. Sicher bin ich
mir nicht, aber ich bleibe bei meiner Entscheidung.
Er öffnet mir die Tür und den Gitterwagen und ich
ziehe mein Clownshemd, die Clownshose und Schu-

he an. Arbeitsschutzschuhe sehen oft wie Clowns-
schuhe aus. Aber meine nicht. Steffen hat welche die
wie Sneaker aussehen. Der Mann schließt, nachdem
ich fertig bin, hinter mir die Tür und fragt, ob ich wis-
se wohin ich muss. Ich sage *Ja*.

Am Fahrstuhl treffe ich Herrn Schmidt. Er stellt
mir seinen Auszubildenden vor. Zumindest glaube ich, dass er ein Auszubildender ist, da er sehr
jung aussieht. Ich gebe beiden die Hand und sage
zu Herrn Schmidt *Wir kennen uns schon*. Als man
mich beim Vorstellungsgespräch eine Stunde warten lies, habe ich ihn kennen gelernt. Herr Schmidt
fragt mich, wie es gestern war und dass es heute sehr
viel Arbeit geben wird und morgen und am Samstag
sowieso. Dann sagt er *Schön dass du mit dabei bist*.
Herr Schmidt springt zwischen Du und Sie, wie es
ihm beliebt. Ich bin kurz gerührt, weil ich ihm sogar
glaube, was er grad gesagt hat. Gleichzeitig frage ich
mich, ob das ein Motivationsspruch ist, den er auf einer Weiterbildung gelernt hat, weil man auf diese Art
seine Angestellten emotional bindet und das Verant-
wortungsbewusstsein stimuliert.

Ich bin ein paar Minuten vor elf oben angekommen und der Raum ist völlig überfüllt mit meinen
Kollegen. Ich werde kaum beachtet, obwohl ich in
jede Richtung ein Mal schaue und Hallo sage. Auch
nicht von den Herren hinterm Tisch. Nach einer
Weile Warten schaut mich einer an und ich sage *Ich*

melde mich zum Dienst. Das klingt als hätte ich einen Witz gemacht. Aber mir fällt nichts ein, womit ich es anders hätte sagen können. Ich setze mich zu den anderen und beobachte die vielen Unbekannten. Nach einer Weile finde ich Steffen. Unsere Blicke treffen sich und wir grüßen uns quer durch den Raum. Gleich darauf bekommt er einen Auftrag und er soll jemanden mitnehmen. Er nimmt mich mit. Wir nehmen uns einen Wagen und gehen damit in die Küche. Die Küche ist auf Ebene 3, der selben Etage, auf der sich auch der Raum befindet, in dem wir warten. Um zur Küche zu gelangen, müssen wir durch die Spülküche. Der Boden ist nass, die Luftfeuchte hoch und es riecht nach Spülmittel, Essensresten und Chlor. Steffen gibt einen Zettel einem Mann in Kochkleidung inklusive lächerlich hoher Kochmütze. Der zeigt uns, welche Kisten wir uns auf den Wagen packen sollen. Damit fahren wir eine Etage weiter runter und holen Getränke bei einem kleinen patzigen Mann namens Aladdin. Mit dem Essen in Kisten und zwei Kästen Wasser fahren wir mit dem Fahrstuhl ganz nach unten. Wir sind jetzt vor der Halle 7a, Zwischenebene, Müssen zur Halle 3.2a. Also gehen wir in die Halle 7 rein, fahren mit einem Fahrstuhl, der sich da drin befindet auf Ebene zwei und laufen durch dir Halle 4.2 um zur Halle 3.2 zu gelangen. Beim Gehen dieser Wege fühle ich mich, wie in einem Labyrinth.

In Halle 4.2 kommen wir an einem Messestand

von Kärcher vorbei. Da sehe ich eine Frau, die neben einem großen Glaszylinder steht, der zur Hälfte mit Wasser gefüllt ist. In der Hand hält sie einen Schlauch. Die eine Seite des Schlauchs ist an einem Gerät von Kärcher befestigt, die andere hängt im Glaszylinder, aber nicht im Wasser. Dann schaltet die Frau das Gerät ein und es beginnt wie wild in dem Zylinder zu sprudeln. Dann schaltet sie es wieder aus und dann wieder ein und wieder aus und so weiter.

An unserem Ziel angekommen laden wir unsere Kisten und das Wasser ab und stellen es an einen Ort, der uns gezeigt wird. Steffen lässt sich eine Unterschrift geben und wir gehen auf dem selben Weg zurück, auf dem wir gekommen sind. Ich sehe die Frau von Kärcher wieder und sie schaltet das Gerät immer noch ein und aus.

Zurück im Raum warten wir wieder. Ich stelle fest, dass außer mir nur zwei andere diese Clownshosen tragen. Ich eröffne ein Gespräch zu dem Thema. Ich sage *Ich glaube ich bin der einzige hier, der sich diese Hosen andrehen lassen hat*. Ich spreche niemanden persönlich an und warte ob jemand reagiert. Eike sagt *Hauptsache sie sind schwarz, dann kannst du anziehen, was du willst*. Ich beschließe das morgen auch zu tun. Eike ist sehr klein, hat dunkle, lockige Haare, ein bisschen Bart, wache Augen und sieht insgesamt süß aus. Er ist immer sehr freundlich und auch witzig, und selbst wenn er wegen irgendetwas verärgert ist bleibt er süß. Ich merke gleich, dass er nicht wie wir anderen hier ist. Sein Auftreten ist sicher, er wird von den Leuten hinter den Tischen nicht gefragt, wie er heißt und manchmal sitzt er sogar selber hinterm Tisch. Eike ist bei der Firma, deren Polohemden wir alle tragen, angestellt und nicht wie die meisten von uns über Leiharbeitsfirmen beschäftigt.

Die Frau von gestern, die die Anweisungen fürs Rauchen gegeben hat, schaut mich an. Ich finde sie sehr nett. Sie hat einen Akzent, aber ich kann ihn nicht bestimmen. Sie heißt Marta. Ich habe gehört, wie andere sie so genannt haben. Sie sagt, ich müsse jetzt Pause machen. Die Pause verbringe ich irgend-wo zwischen Halle 6.1 und 7.1, weil ich da alleine bin. Ich setze mich auf einen Bordstein, zehn Meter vom Eingang Halle 7 entfernt und werde fast unsichtbar, da parkende Autos mich verdecken. Ich rauche.

-Wie geht's heute?
-Es ist ein langweiliger Job. Vielleicht der langweiligste den ich je hatte. Die Zeit vergeht beim Warten nicht und jetzt habe ich Pause!
-Oh Gott! Ja, das klingt natürlich nicht so gut. Aber wenn es langweilig ist, dann kannst du vielleicht über interes-sante Sachen nachdenken.
-Das geht leider nicht so richtig. Das Umfeld ist dafür nicht gegeben. Ich habe schon versucht zu schreiben. Mit eher mäßigem Erfolg. Aber ich habe auch schon für mich entschieden, dass ich die dicken Notizbücher nicht mehr kaufe. Ich habe ein blaues dünnes von dir mit dabei. Die

sind super, kann man immer einstecken und soooo wenige Seiten haben die auch nicht.
-Ja, stimmt. So für unterwegs sind die eigentlich wirklich
besser.
Und man ist ja jetzt auch nicht 7 Tage non-stop unterwegs, dass man unbedingt 200 Seiten in der Hosenta-
sche(!!!) dabeihaben muss.
-Pause vorbei.

Nur noch fünf Stunden.

Zurück von der Pause gehe ich zu den Tischen. um
mich zurück zu melden. Das scheint überflüssig zu
sein. Man schaut mich nur fragend an. Ich sage trotzdem, dass ich wieder da bin, nehme mir eine Flasche
Limo und einen Plastikbecher. Gestern gab es Becher aus Pappe, heute Plastik. Die meisten nehmen
sich einfach immer einen neuen Becher und lassen
ihn dann stehen. Dadurch werden die unbenutzten
Becher immer weniger und landen ein Mal benutzt
auf den wenigen Tischen und verstellen jeglichen
Platz, den man zum Beispiel gebrauchen könnte um
seine Ellenbogen aufzustützen. Ich schreibe mit einem Kugelschreiber meinen Namen auf den Becher.
Ich bin nicht der erste mit dieser fantastischen Idee.
Ich habe es bei anderen gesehen. Die Limo, die ich
öffne ist Personalgetränk. Es gibt Wasser und Oran-
genlimonade. Die Limo ist von Bad Liebenwerda und
schmeckt ausgezeichnet. Vor lauter Langweile habe

ich schon sehr viel davon getrunken. Ich finde einen Platz und setze mich. Manchmal ist es hier so voll, dass der Platz nicht reicht. Dann sitzen viele auf den Wagen oder an die Wand gelehnt. Besonders wenn Früh- und Spätschicht sich kreuzen. Die Frühschicht kommt halb sieben, die Spätschicht halb drei. Ich bin also in einer Art Mittelschicht.

Ich beobachte die aus der Frühschicht. Sie sehen ganz müde aus. Da bekomme ich einen Auftrag. Ich soll mit Max auf eine Abräumrunde gehen. Es gibt drei Leute hier die Max heißen. Zuerst gab es nur zwei. Da nannte man sie Max mit Bart und Max ohne Bart. Dann kam aber noch ein dritter Max dazu. Und dieser Max hat noch nicht mal einen Ansatz von Bart, weil er dafür vermutlich noch zu jung ist. Der, mit dem ich jetzt mitgehe, ist auf jeden Fall Max mit Bart. Er ist kleiner als ich und breiter. Und sein Bart, so wie seine Haare, sind sehr dunkel und dicht. Max ist Fahrer. Das heißt, man hat ihm einen Kleintransporter anvertraut. Damit fahren wir zur Halle 25. Die ist von Halle 7 aus gesehen fast der am weitesten entfernte Punkt auf dem Messegelände. Abgesehen von Halle 26. Deshalb braucht man auch Fahrer wie Max. Mit Halle 25 und 26 kenne ich mich aus. Ende letzten Jahres habe ich da für eine andere Firma gearbeitet.

Wir nehmen beide je einen Plattenwagen mit zum Auto. Max zeigt mir wie man sie auf die Ladefläche bekommt. Man nimmt etwas Schwung und tritt dann auf die hintere Kannte. Dann geht der Wagen hoch, wie beim Skateboard und die Vorderräder stehen im Wagen. Dann hebt man den hinteren Teil an und kann den Wagen bequem rein rollen. Natürlich ist es nicht ganz so einfach wie beim Skateboard. Alleine schon weil die Hinterräder wegen der Lenkung beweglich sind und dadurch kann der Wagen mal nach links oder nach rechts weggehen. Mir gelingt es beim zweiten Anlauf, wenn auch nicht sonderlich elegant. Jetzt müssen nur noch die Bremsen fest gemacht werden, damit die Wagen bei der Fahrt nicht frei umher rollen.

Wir setzen uns vorn rein und fahren los. Max redet nicht viel und wenn, dann sehr leise. An der Halle 25 parkt er das Auto und wir holen die Wagen heraus. Dann laufen wir nach einer Liste, die ich jetzt in der Hand halte die Stände ab. Dabei fällt Max die Orientierung nicht leichter als mir, aber im finden der Worte bin ich langsamer als er. Er sagt also auch wohin wir gehen. Wenn er einen Weg gefunden hat gehe ich ihm hinter her. Ich muss einen dümmlichen Eindruck auf ihn machen.

Heute gibt man uns viel mit, das wir dann auf die Wagen packen. Viele Kisten mit leeren Wasser- und Colaflaschen. Und Plastikkisten mit schmutzigem Geschirr drin. Das zählen wir dann und ich trage das Gezählte in ein Formular ein. Für jeden Stand ein neues. In der obersten Zeile steht Halle, Stand, Firmenname, Datum und Läufer. Ich trage meinen Namen nicht ein. Drunter sind dann Artikel aufgelistet und man muss nur die Menge in die Spalte daneben eintragen. Eine Kiste Leergut muss vollständig und sortenrein (das sagen die hier ständig) sein. Sonst bekommen die Leute ihr Pfand nicht zurück. Das sind sechs Euro pro Kasten. Fehlt eine Flasche, dann gibt es keinen Pfand zurück. Und steht zum Beispiel eine Bierflasche im Wasserkasten, dann nehmen wir den Kasten mit, dafür gibt es aber auch kein Pfand zurück. Vollgut wird als Leergut behandelt. Vollgut steht zwar auch auf der Liste, nehmen wir aber nicht zurück. Besteck wird nicht gezählt, sondern nur geschätzt. Bei den Kaffeegedecken zählt man nur die Tassen und geht davon aus, dass die Untertassen mit dabei sind.

Immer wieder müssen wir unsere Runde unterbrechen und ziehen die vollbeladenen Wagen zum Auto zurück, um umzupacken. An einem Stand tragen wir besonders viele leere Getränkekisten aus einem kleinen Lager und Max sagt zu mir ich solle die Zettel doch mal weglegen. Aber ich weiß nicht wohin. Ich will sie auch nicht verlieren, weil ich denke, dass sie wichtig sind. An einem anderen Stand will ich zählen was wir gerade aufgeladen haben und Max sagt, ich solle doch erst Mal den Wagen ein Stück wegfahren. Dann sind wir irgendwann fertig mit unserer Runde. Wir haben ein volles Auto mit dem wir zurück zur

Halle 7 fahren, um es da zu entladen. Leergut ins Pfandlager, was nur eine von Bauzäunen begrenzte Fläche auf einem Parkplatz ist und der Rest in die Spülküche.

Wir waren eine ganze Weile weg und kurz nach unserer Wiederkehr, schickt man mich nach Hause. Es ist dreiviertel sieben. Marta trägt das ein, daneben in die Spalte Pause 0,5 und in die letzte Spalte schreibt sie 7,25. Dann verabschiedet sie sich und sagt *Danke!* Ich verstehe nicht warum das Schichtleiter, Vorarbeiter oder Auftraggeber immer sagen. Schließlich tut man ihnen keinen Gefallen, sondern arbeitet für Geld. Aber das Danke ist Normalität.

-Die Müllmänner schmeißen so ne richtige Assiparty!
-Müllmänner eben... So ne richtige Party bei uns auf der Straße?
-Ne, ist bei denen auf dem Parkplatz. Aber es wummert ganz schön bis hier rüber.

IFA Tag 3

Heute habe ich es gemacht wie gestern und ich bin wieder 20 Minuten vor zwölf an Tor 9, durch das ich gehe, um zur Halle 7c zu gelangen. Ich denke mir, dass es Zeit ist, das Polohemd zu wechseln. Ich fahre also hoch in 7.3c, gehe zum Büro und klopfe. Der schnauzbärtige Mann telefoniert. Ich sage leise *Guten Tag* und warte. Ein anderer Mann mit Glatze, Brille und Anzug steht daneben und schaut genervt. Dann greift er nach einem Schlüssel, will ihn mir geben, fragt aber erst einmal, wie ich heiße. Ich sage ihm meinen Namen, aber bezweifle, dass er ihn auch nur eine Sekunde im Kopf behält. Er gibt sich aber damit zufrieden, drückt mir nun den Schlüssel in die Hand und sagt *Kommen Sie wieder und bringen ihn zurück*. Ich sage ihm, dass ich ein neues Hemd brauche. Jetzt schaut er noch genervter und gestikuliert in eine Richtung, deren Ziel ich nicht sehen kann, da es mir von der offen stehenden Tür, in der ich stehe, verdeckt wird. Hinter dieser Tür kommt jetzt ein junger Mann hervor. Ich denke in etwa so alt wie ich. Beide seiner Arme sind stark tätowiert - schwarz und grafisch. Er nimmt mir den Schlüssel wieder ab und wir gehen zu Rolltreppe. Wir müssen runter zur Zwischenebene 2. Er fragt mich *Heute spät dran?* Und ich antworte *Geht so*. Ich fange um 12 an. Ich hoffe sehr, dass es mir gelungen ist, ein deutliches *Fick dich!* zwischen die Zeilen zu setzen. In meiner inneren Empörung frage ich mich, was ihn das angeht. Selbst wenn ich spät dran wäre, muss ich mich bei ihm dafür entschuldigen? War das versuchter Smalltalk oder Mobbing? In diesem Augenblick empfinde ich es als Mobbing und ich empfinde es als Teil der Arbeitswelt und es deprimiert mich.

Ich nehme mein Polohemd von gestern aus meinem Rucksack und nehme es mit zu einem dafür vorgesehenen Gitterwagen. Hier wird ziemlich viel mit Gitterwagen geregelt. Ich nehme einen Zettel aus einer Box, die am Gitterwagen befestigt ist und schreibe meinen Namen drauf. Dann lege ich ihn in das Innere des Hemdes, knülle es zusammen und werfe es in den Wagen. Ich gehe in den Raum fürs Umkleiden, wechsle meine Schuhe und warte auf mein neues Polohemd. Der mit dem Interesse für die Pünktlichkeit völlig Fremder kommt rein und gibt es mir. Es gab nur noch XL. Ich fülle den Zettel dafür aus, unterschreibe und zieh es mir an. Die Clownshosen habe ich vorsichtshalber mit, lasse sie aber im Rucksack. Den schließe ich weg und gehe.

-Boah, ich kotze! Man kann die Monatskarte gar nicht am Automaten kaufen.
-Mo ther fuck er!
-Jetzt musste ich noch ne extra Fahrt bezahlen
-Heute gab es nur XL Hemden. Aber mit den tighten Jeans sieht das Klasse aus. Hab's oben offen und die Ärmel hoch gekrempelt.

Wenn ich das grad richtig verstanden habe, ist Heike verheiratet. Ich habe deutlich gehört, wie sie im Gespräch mit jemandem Mein Mann gesagt hat. Heike ist eine, die auch mal hinterm Tisch sitzt. Die hinterm Tisch nennt man Koordinatoren. Aber Heike ist kein Koordinator. Das sind nur Marta und Robert. Alle anderen, die sich hinterm Tisch befinden, helfen den Koordinatoren. Heike ist nett, mit einem etwas rabiaten Ton. Aber sie lacht immer, wenn sie etwas Rabiates sagt und will eigentlich nur witzig sein. Ich versuche einen Blick auf ihre Hände zu werfen, um einen Ring zu finden, aber da ist keiner.

Am frühen Nachmittag darf ich mit auf eine Autotour. Autotouren sind lustig, wenn der Fahrer lustig ist und heute ist er das. Er heißt Lennart und ist ein bulliger Typ mit breitem Kopf und Gangstergrinsen im Gesicht. Ein durchaus charmantes Gangstergrinsen. Ich denke, er würde gut in einen Film als Nebenrollengangster passen. Als brutaler Schläger, als skrupelloser Geldeintreiber oder etwas anderes in der Art. Er ist nett zu mir. Ich glaube nicht, dass er offen und neugierig für Fremde ist. Er ist einfach nicht blöd und weiß, dass es nur sein eigenes Gemüt treffen würde, wäre er nicht nett. Er bekommt eine Glatze bzw. hat er sie schon am Hinterkopf. Da sind die Haare nicht nur dünner (wie bei mir), sondern weg. Vorn sind sie bei ihm aber nur etwas dünn und er hat einen Friseur, der ihm die Haare so schneidet, dass er sie gut legen kann. Auch etwas über die kahle Stelle. Er ist nicht so alt und ich finde es gut, wenn Leute so ihrem Haarausfall begegnen. Abrasieren ist keinesfalls immer und unbedingt die richtige Lösung.

Zurück im Raum unterhalten sich in meinem Rücken vier meiner Kollegen über das breite Feld aktueller Politik. Ich finde es immer nervig, wenn ich so etwas mit anhören muss. Die Unterhaltenden sind mir in den allermeisten Fällen viel zu voreingenommen, falsch und schlecht informiert, beziehungsweise sehr schlecht informiert. Es scheint mir unmöglich, besser als schlecht informiert zu sein. Sie reden über Merkel, Erdogan und Putin. Ich höre, wie einer *Mutti* sagt. Außerdem geht es um Informationsmedien, um Israel und Kindergartenplätze. Ich drehe mich kurz um, um zu sehen wie sie aussehen. Und während ich in mir drin nicht aufhören kann meinen Kopf zu schütteln, setzt sich Jörg neben mich und redet auf mich ein. Das macht er den ganzen Tag so, wenn er nicht grad mal etwas liefern oder abräumen muss. Er sucht sich irgendjemanden und erzählt ungefragt, was ihm grad durch den Kopf geht. Normalerweise versuche ich ihm aus dem Weg zu gehen, aber jetzt bin ich froh, dass er da ist, da es mir so einfacher fällt das Politikgespräch zu überhören. Ganz beiläufig erzählt mir Jörg, dass nun schon fast alle den Code vom Kasten neben dem Umkleideraum kennen. In dem Kasten befinden sich die Schlüssel. Ich frage ihn nach dem Code und er hört auf zu reden und schaut mich an. Er will ihn mir nicht sagen. Ich sage ihm, dass es jetzt auch keine Rolle mehr spielt, da doch so viele schon bescheid wissen. Er zögert und sagt ihn mir dann doch. Ich kann sehen, wie er das beim Aussprechen schon bereut. *22 500 START und drehen.*

Wie an den letzten zwei Tagen, werden wir auch heute wieder relativ zeitig nach Hause geschickt. Die Frühschicht schon nach sechs Stunden. Die Leute fangen an, sich zu beschweren. Man hat ihnen gesagt, sie würden acht bis zehn Stunden täglich arbeiten. Unterschrieben haben sie aber, so wie ich, einen Vertrag für 10 Stunden pro Woche. Zusätzlich unterschreibt man einen Zettel auf dem steht, dass man auch bereit ist, länger als 10 Stunden in der Woche zu arbeiten. So können die Leiharbeiter einfach nach Hause schicken, wenn sie falsch kalkuliert und zu viele Leute an Tischen voller Plastikbecher sitzen haben. Nur wir, die elf Uhr beginnen, arbeiten ein paar Stunden mehr als die anderen, weil wir früher als die Spätschicht beginnen, aber erst mit ihr entlassen werden. Wir sind aber nur zwei in dieser speziellen Schicht.

Meine zweite Autotour heute mache ich mit Stefan. Ihn schätze ich auf Ende Vierzig, kahler Schädel, rasiert, Ohrring, Tattoo auf dem rechten Oberarm. Wir reden über die Stundensituation. Er redet bzw. unterhält sich gern. Und ich merke, dass ich mich auch gern mit ihm unterhalte. Er erzählt mir, dass er ein Café in Kreuzberg hat und diesen Job hier wegen der Sozialversicherung macht und dass er die Heimspiele des BFC Dynamo besucht. Der Verein hat sein Zuhause eigentlich im Sportforum in Hohenschönhausen, spielt jetzt aber im Jahn-Sportpark, den die Fans nicht füllen können und somit kommt keine Stimmung auf. Und da auch der Fußball, den sie da spielen schrecklich sein soll, rät Stefan mir von einem Besuch ab, nachdem ich ihm sage, dass ich schon mit dem Gedanken gespielt habe, dann aber feststellen musste, dass ein Ticket 15 Euro kostet und mir das zu viel für die vierte Liga ist.

Wir fahren zu unserem Zielort Halle 8.1, setzen uns aber erst einmal auf den Bordstein und rauchen. In Halle 8.1 stellen wir fest, dass wir im Teil A sind, aber in den Teil B wollen. Teil A und B haben aber keine direkte Verbindung und wir müssen aus der

Halle raus, um von dem einen in den anderen Teil zu gelangen. An den Ständen müssen wir nur wenig abräumen. Auf unserer Liste steht auch ein Stand in Halle 8.2. Wir finden keinen schnellen Weg, auf dem wir da mit unserem Wagen hingelangen, also sage ich *Ich gehe schnell hoch und frage, ob die da überhaupt etwas zum abholen haben*. Ich stelle fest, dass Halle 8.2 ein einziger, großer Stand von Vestel ist. Ich gehe zu einer Dame, die aussieht, als würde sie arbeiten, und die schickt mich weiter zu einer Bar. Überall schwirren zwischen den Messeaußendienstmitarbeitern sehr hübsche und junge Mädchen herum. Ich frage an der Bar, ob sie mir weiterhelfen können und ein Mädchen sagt mir, dass sie jemanden holen wird und verschwindet. Kurze Zeit später ist sie wieder da, mit einem etwas älteren Mädchen, dessen Outfit und Make-up es erwachsen aussehen lassen soll. Sie sagt mir in einem sehr genervten Ton, dass gestern schon jemand von uns da gewesen sei und dass ihr Stand lediglich eine Spülmaschine geliehen hat, sonst aber nichts. Ihr Genervtsein ist mir unangenehm und ich notiere etwas in die Vestel-Spalte auf meiner Liste so, dass sie es sehen kann. Ich hoffe, das lässt mich kooperativ und professionell erscheinen.

Anschließend fahren Stefan und ich zu Halle 17. Da gibt man uns bei Toshiba unter anderem einen so genannten Cavendish mit - ein Gerät um Speisen mit Hilfe eines Wasserbads aufzuwärmen bzw. warm zu halten. Das Wasser befindet sich noch drin, sowie eine große Schale mit Wurststückchen in Currysauce. Stefan fragt die Dame, die hier unser Ansprechpartner ist, warum nichts gegessen wurde. Sie sagt *Vegetarier! Keine anständigen Männer hier!* Die könnt ihr gleich mitnehmen. Sie fragt uns, ob wir nicht etwas davon essen wollen. Wir lehnen dankend ab. Ich finde die Vorstellung eklig. Der Cavendish ist wegen dem Inhalt und wegen seiner Sperrigkeit schwer zu transportieren. Man kann ihn zwar in eine rote Kiste stellen, aber dann schaut er oben raus und man kann nichts drauf stellen. Draußen vor der Halle schlage ich vor, das Wasser wegzuschütten, aber Stefan sagt, dass man das vor den Messebesuchern nicht machen sollte.

Nach diesem Auftrag habe ich Feierabend. Abzüglich der Pause habe ich heute 7,5 Stunden gearbeitet. Aber Marta verschreibt sich und trägt 8,5 Stunden ein. Ich gehe meinen Rucksack holen, gebe den Code am Kasten ein und nichts öffnet sich. Ich versuche es noch drei Mal, aber nichts passiert. Also muss ich doch hoch ins Büro und mir den Schlüssel geben lassen. Auf dem Weg nach Hause sehe ich das Mädchen vom Toshiba Stand. Ich denke auch, dass sie mich sieht, aber wir geben einander kein Zeichen des Wiedererkennens.

IFA Tag 4

Heute muss ich nicht lange warten, sondern bekomme sofort eine Aufgabe. Es geht darum in einer Gruppe von vier Leuten Gitterwagen mit Zeug drin abzuholen und durch die Hallen übers Messegelände zu schieben. Mich interessiert nicht, von wo wir sie abholen, wohin wir sie bringen und was da drin ist. Ich folge den anderen und lasse circa fünf Meter Abstand. Die anderen sind ein Mann, den ich auf Anfang Fünzig schätze, Steffen und Thomas. Thomas ist etwa 1,70 Meter groß (vielleicht ist er auch größer, er hat eine schlechte Haltung), ist schmal und hat sehr blonde Haare. Eines seiner Ohrläppchen hat er tunneln lassen, aber nicht extrem. Sein Tunnelschmuck hat eine Außenwand und dazwischen ist eine Miniatur eines Blattes einer Hanfpflanze. Seine Stimme klingt, als sei er im Stimmbruch. Er macht einen friedlichen Eindruck.

Nachdem wir durch Halle 4.2 gelaufen sind, landen wir auf einer Zwischenebene in einem Raum, in dem die Gitterwagen stehen. Befüllt sind diese mit Kisten voller benutztem Besteck und Geschirr. Die Wagen müssen noch foliert werden. Das heißt, man drückt mir eine große Rolle Frischhaltefolie in die Hand und ich wickle einen Wagen komplett damit ein, sodass beim Transport nichts herausfällt. Nachdem das auch mit den anderen Wagen passiert ist, gehen die anderen, jeweils einen Wagen pro Person, auf den Rückweg. Ich folge wieder. Mein Wagen ist schwer und ich habe etwas Mühe, die anderen nicht zu verlieren. In Halle 4.2 treffe ich einen Bekannten, lasse mich aber nicht aufhalten, um den Anschluss nicht zu verlieren. Am Fahrstuhl hole ich sie ein. Der Mann, dessen Namen ich nicht kenne, sagt, dass er den Rest alleine schaffe und dass wir gehen können.

-Heute morgen saß ich in der Bahn und dachte wegen der Party am Freitag, glaube ich, an Roy und dass ich ihm sage, wenn ich ihn sehe, dass er mich mal kann. Und n paar Stunden später laufe ich ihm auf der Messe über den Weg! Ich habe nur gesagt, dass ich keine Zeit habe, aber es muss irgendwas oder -wen geben, das oder der das Leben steuert.
-Oh krass
Und was hat der gesagt?
-Na nur so überfreundlich wie immer: Eyyyyy der Maler, wie gehts? Ich habe hier gleich meinen Stand.
-Blabla, go to hell...
Wollen wir einen Duschvorhang in blau mit Papageien

drauf?
-Uhhhh Papageien!

Mohammed hat heute seine gegelten Haare zu einer Handballerinnenfrisur zusammengebunden. Ich sitze neben ihm und er fragt mich, was ich die ganze Zeit schreibe. Er ist nicht der erste, der das fragt, und ich antworte wie immer mit *Dies und Das*. Manche geben sich damit zufrieden und manche haken nach. Mohammed sagt, dass er nie schreibt und fragt, ob ich viel schreibe. Ich sage ihm, dass ich glaube, relativ viel zu schreiben. Er betont noch ein Mal, dass er nie schreibt, er redet. Denn reden ist menschlich. Maschinen würden auch schreiben können, aber reden würden nur Menschen. Ich versuche zu antworten, überlege es mir aber schnell anders, weil er meine Meinung dazu gar nicht hören will. Ab jetzt nicke ich einfach nur, während er spricht. Dabei frage ich mich, ob er einen Slang spricht oder noch nicht lange in Deutschland lebt.

Ich bekomme mit, dass heute morgen wohl eine ganze Menge Essen an einen falschen Stand geliefert wurde. Der belieferte Stand hatte gar nichts bestellt und sich über die Lieferung gefreut. Nachdem der Stand, der bestellt und nichts bekommen hat, sich beschwerte, müssen nun zwei Kollegen von mir losgehen und Kreditkarteninformationen eintreiben. Ich bin auf den Ausgang der Geschichte wirklich gespannt, bekomme ihn aber nicht mit, da ich auf eine Tour mit Harald muss. Harald ist groß, vielleicht um die Fünfzig und bewegt sich sehr langsam. Er trägt einen Ohrring, Schnauzer und etwas Gel in den sehr hellen kurzen Haaren. Ich habe gehört, dass er von ziemlich weit außerhalb kommt. Er fährt jeden Tag zwei Stunden mit dem Regionalexpress hier her zur Spätschicht. Am Vormittag macht er eine Früh-schicht für eine andere Firma. Halle 17, Stand 105, Toshiba. Wie gestern. Wir nehmen auch fast das glei-che Zeug mit wie am Vortag. Gestern hatte ich das Gefühl, dass das Mädchen am Stand mit uns geflirtet hat. Heute sind ihre Gedanken woanders und wir be-kommen nicht mehr Aufmerksamkeit als nötig.

Zurück im Raum sehe ich Leute schlafen. Ich set-ze mich und beobachte, wie Stefan und Steffen einen Auftrag bekommen und gemeinsam losgehen. Ich frage mich, wie die beiden miteinander auskommen. Mir kommt in den Sinn, dass ich schon mehr als die Hälfte dieser Woche hinter mich gebracht habe und ich freue mich etwas darüber.

Heute arbeite ich bis 18.00 Uhr, habe aber keine Pause gemacht. Marta sagt mir, dass ich eigentlich eine Pause machen muss. Ich erkläre ihr, warum das nicht geht. Ich komme um elf und dann sitze ich meistens nur rum. Gegen drei bekommen wir Aufga-ben. Das wäre dann eigentlich der Zeitpunkt, an dem ich eine Pause machen müsste, damit ich nicht Pause eine halbe Stunde bevor ich gehe mache. Ich bin mir nicht sicher, ob sie mich verstanden hat. Sie addiert eine Pause auf meine Stunden drauf und schreibt 18.30 Uhr in die Spalte neben 11.00 Uhr.

IFA Tag 5

Es ist Licht am Ende des Tunnels zu sehen. Übermorgen ist der letzte Tag auf der IFA. Deshalb bin ich gut drauf. Außerdem liege ich gut in der Zeit und muss mich nicht beeilen. Und trotzdem laufe ich schneller die Treppen zum Bahnsteig herunter, als ich eine Bahn einfahren und eine Durchsage höre, dass es sich um die S25 handelt. Ich hole im Laufen mein Portemonnaie aus der rechten hinteren Tasche meiner schwarzen Jeans, entnehme eine der Fahrarten meiner Viererkarte und stecke sie in den Schlitz des Entwerters. Dann mache ich einen drastischen Richtungswechsel, um schnell zur Bahntür zu gelangen und steige ein.

In anderen Regionen bekommt man eine Karte mit vier Stellen, an denen man sie entwerten kann, wenn man eine Viererkarte kauft. Zwei dieser Stellen befinden sich auf der Vorderseite, zwei davon auf der Rückseite der Karte. Man hat auf dieser Karte also vier Fahrten, es ist eine Viererkarte. In Berlin bekommt man vier einzelne Tickets auf denen Viererkarte steht.

Ein mir bis dahin unbekannter gibt mir heute mein neues Polohemd. Er ist ausgesprochen freundlich. Er fragt mich nach meiner Konfektionsgröße. Ich sage *Ich hatte die letzten Tage XL.* Das fand ich ganz gut. Er gibt mir eins in XL, ich unterschreibe und ich habe sogar noch genügend Zeit, um eine zu rauchen. Ich gehe zum Pfandlager und beobachte, was sich vor der Halle 7a abspielt. Viele Leute in schwarz gekleidet laufen umher und schieben Dinge über die breite Straße. Einige von ihnen sehe ich jeden Tag und wenn ich sie jetzt grüße, dann bekomme ich keine Reaktion. Das liegt nicht daran, dass sie unfreundlich wären, sie sind einfach zu müde und merken gar nicht, dass ich da bin.

Wenn man einer körperlich belastenden Arbeit, die keine Qualifikation verlangt, nachgeht, dann begrüßt man sich mit Moin oder Mahlzeit. Das war in Sachsen so und so ist es auch in Berlin. So wie man jede Gruppe von Männern ab zwei Personen mit Jungs anspricht. Einen einzelnen spricht man aber nicht mit Junge an.

-Awww- das ist aber ein schönes Foto
Geiles Foto
*Geiles Polo meinte ich
-Ja, ich lasse mir jetzt immer eins in XL geben.

-Richtig so. Schade nur, dass du es nicht behalten kannst...

-Kann ich schon. Kostet dann aber 20 Euro.

-lol

-Geile Sicherheitslücke übrigens. Man behält das Shirt, und fälscht so einen Messepass (was gar nicht schwer ist). Gestern hat meiner zum Beispiel nicht beim scannen funktioniert und der Typ meinte dann einfach: Ach egal, geh durch. So umgeht man sämtliche Sicherheitschecks und mit dem Shirt kann man sich überall frei bewegen. Und von solchen Servicekräften gibts hunderte. Da fragt keiner nach.

-Ha! Das ist wirklich recht interessant. Vielleicht solltest du eine "crazy" YouTube-Show darüber machen. "UN-GLAUBLICH!!! Sicherheitslücke ausgeschlachtet! WAS GEHT?!?"

Was steht denn auf deinem Polo drauf?

Der Name vom Catering Laden?

-Der Name vom Catering

-Was ich hier an 7 Tagen Arbeit verdiene hat der Baumi an einem Abend in Pulverform aufm Tisch liegen.

-Naja, die Welt ist fundamental unfair

In allen belangen

-Ja ja. Ich frag mich auch warum in Firmen Gleichberech-tigungsbeauftragte eingestellt werden, wenn auf Mes-sen junge Mädchen wie Prostituierte angezogen und an diese Stände gestellt werden.

-Aus dem gleichen Grund, warum Rüstungsunternehmen Charity-Organisationen ins Leben rufen, die Opfern in Kriegsgebieten helfen. Alles sehr bizarr.

Oben im Raum sitzt unter anderem ein Mädchen, das neu ist. Die einzigen Frauen hier waren bis dahin

Marta, Heike und zwei Mädchen mit Dreadlocks, die vom Aussehen her auch 16 sein könnten. Der ganz große Rest sind Männer. Eintragen, dass heißt, das Notieren meiner Anwesenheit übernimmt heute Robert. Er ist Koordinator, so wie Marta. Ich weiß nicht, ob einer über dem anderen steht, aber ich habe das Gefühl, dass Marta zumindest das letzte Wort hat. Das kann eine Gemütssache der beiden sein und muss nicht in einer vom Arbeitgeber bestimmten Hierarchie begründet liegen. Robert kommt mir sehr nett vor und erinnert mich an Tocotronic und einen Mann, der vor vielen Jahren mal mein Kollege war, als ich noch in einer Buchhandlung arbeitete. Er ist groß, hat Koteletten und trägt einen Seitenscheitel. Seine Haare hat er ziemlich lang wachsen lassen und legt sie von der linken auf die rechte Seite, auf der sie sich dann wieder nach oben wellen. Auf dem oberen Hinterkopf hat er eine Glatze. Seine Haare erinnern mich an meine eigenen und ich habe das Gefühl in eine mögliche Zukunft zu blicken.

-Auch bizarr (das ist mir gestern klar geworden) ist die deutsche Phrase: „Den Lebensunterhalt verdienen"
Wie als ob sich der Mensch sein Recht zum Leben permanent verdienen muss.
Durch Arbeit.
Sehr barbarisch.
-Nicht um zu leben. Nur für die Unterhaltung davon.
-Für Netflix und Spotify
-Unterhalt ist wohl ein mehrdeutiger Begriff. Wenn man

ein Auto kauft fragt man ja auch was das so im Unterhalt kostet.

-Ja, das stimmt.

Selten in der deutschen Sprache eigentlich. Die ja sonst so schön präzise ist

Ey sag mal: Wollen wir uns nach deinem letzten Arbeitstag am Mittwoch auf ein Bier treffen? Oder denkst du, dass du dann zu fertig bist?

-Willst du meine Aufzeichnungen für deinen Arbeiterroman haben?

-Darüber hab ich gar nicht nachgedacht, aber die Aufzeichnungen nehm ich natürlich gern. Eigentlich wollte ich aber ein paar Bier mit dir trinken und Blödsinn quatschen.

-Ich denke nicht, dass du dann noch raus willst. Ich glaube ich fange am Mittwoch erst um drei an, also denke ich, dass es bis um zwei/um drei in der Nacht geht. Und am nächsten Tag habe ich ein Vorstellungsgespräch 11.30 Uhr.

-Ach du grüne Neune! Ja, dass ist wirklich spät. Und: Du Armer! Das ist glaub ich mal mega anstrengend.

-Ist halt nervig.

-Glaub ich

-Wir können aber morgen trinken, wenn du willst.

-Ja, das können wir auch gern machen

Ja, 2 Bierchen reicht ja auch. Wir werden ja bestimmt am Freitag dann ein bisschen mehr trinken. (Soweit das noch steht bei Baumi.)

-Also so zwei Bierchen. Ich dachte ich gehe am Mittwoch vorm Arbeiten mal laufen.

Eigentlich können wir auch heute.

Wetter wurde grad so schön.

-Ja, entscheide du, was dir lieber ist.

Wie lang musst du denn noch arbeiten?
Ich hab übrigens KRASSE News.
-Ich schätze noch so zwei bis drei Stunden.
-(Ich schreib jetzt so wie alle auf YouTube schreiben.)
-Na dann heute.
-Soll ich dich abholen?
-Ne. Das wäre zu krass. Wir treffen uns Schönhauser.
-Alright
Na dann schreib mal, wenn du losmachst.
-Ja ich sag dir bescheid. Dann hast du du ne 3/4 Stunde.
Treffen uns dann oben zwischen Bahn und Arkaden.
-Perfekt. So machen wir das!

IFA Tag 6

Gestern schon sollte die Ringbahn wieder fahren. Es hieß, die Bauarbeiten würden bis zum fünften September andauern. Ich dachte mir aber, dass das einschließlich dem fünften heißen könnte, also bin ich gestern, wie die Tage davor auch. über Friedrichstraße gefahren. Heute freue ich mich aber ab der Schönhauser Allee einen kürzeren Weg zur Arbeit zu haben. Immerhin soll ich laut Google Maps damit ganze acht Minuten sparen. An der Haltestelle angekommen, entwerte ich meinen Fahrschein. Die erste Anzeigetafel ist wie immer ausgefallen und ich gehe weiter. Auf der nächsten steht S42 Gesundbrunnen. Da sollte S42 Ring stehen! So wie es da steht, kann ich genau eine Haltestelle mitfahren, dann bleibt die Bahn stehen oder fährt zurück oder macht was auch immer. Auf der anderen Seite fährt die S41 Ring gerade ein. Ich kann mich erinnern, dass mal jemand erzählt hat, die Ringbahn würde eine dreiviertel

Stunde für eine komplette Runde benötigen. Jetzt ist es 10.18 Uhr und ich muss ja nach einer dreiviertel Runde aussteigen. Ich denke, dass das klappen sollte und steige ein. Nach ein paar Haltestellen schon bekomme ich Zweifel an der 45 Minuten-Theorie. Wenn die Bahn hält, schaue ich immer auf die Anzeigetafeln auf den Bahnsteigen. Jetzt steht da nicht mehr S42 Ring sondern S42 Treptower Park und auf der gegenüberliegenden Seite zeigt die Tafel S41 Ring. Ich überlege auszusteigen und in die andere Richtung zu fahren, habe aber den Glauben an Plan B noch nicht aufgegeben. Ich zähle die Stationen die ich schon gefahren bin und rechne aus wie viel Zeit die Bahn pro Haltestelle in etwa benötigt. Dann zähle ich am Linienplan über der Tür die Stationen, die ich noch fahren muss. Jetzt bin ich mir sicher, dass ich niemals pünktlich da sein werde. Aber jetzt bin ich auch fast schon am Ostkreuz. In welche Richtung ich jetzt zum Westkreuz fahre ist also egal. Ich überlege sogar auszusteigen und nach unten zur S5 zu gehen, bleibe aber sitzen. An der nächsten Haltestelle, am Treptower Park, muss ich dann aussteigen, weil der Zug da endet, wie mir über einen Lautsprecher mitgeteilt wird. Ich steige aus und sehe, dass ich auf dem gegenüberliegenden Gleis in neun Minuten weiter Fahren kann. Ich nehme mir vor, nicht mehr auf die Uhr zu schauen, da ich ohnehin nicht mehr pünktlich sein werde. Auf dem Abschnitt in Neukölln fühle ich mich am weitesten von meinem Ziel entfernt. Danach kommen Haltestellen, die mir ganz fremd sind und nach weiteren davon, steige ich am Westkreuz aus. Ich schaue auf die Uhr. Es ist schon nach elf. Und ich brauche mindestens zehn Minuten alleine zum Tor 9.

Ich gehe nicht meinen Rucksack wegschließen und glücklicherweise brauche ich auch kein neues Poloshirt. Ich gehe ohne Umwege zur Halle 7a, dritte Etage. In dem Raum ist es ungewohnt leer. Nur Robert sitzt da und zwei andere. Robert braucht ein paar Minuten, um sich um mich kümmern zu können. Er fragt mich, wann ich anfange. Ich sage ihm Eigentlich um elf, aber ich habe eine falsche Entscheidung getroffen. Er schaut auf den Zettel und sagt *Okay, zieh dich um* und trägt 11.30 Uhr ein. Es ist 11.17 Uhr. Eine halbe Stunde verschenkt. Das sind 4,50 Euro. Brutto.

-Uh ich merke das Bier von gestern.
Zu spät kam ich auch noch!
-Ach nein! Du arme Maus!
Bei mir geht's eigentlich. Aber ich war auch vom Wochenende noch im Training
Ich hab ja dann noch eins mit dem alten Mann getrunken. Der war so traurig. Hat aber interessante Geschichten erzählt
-Vielleicht kannst du ehrenamtlicher Sozialarbeiter werden.

Mohammeds Freund, dessen Namen ich nicht kenne, setzt sich neben mich und sagt *Na, du Poet.* Ich weiß gar nicht, ob er wirklich Mohammeds Freund ist. Aber sie reden viel miteinander, wenn beide im Raum sind. Er gehört zur Frühschicht und gibt mir einen Rat: Sollte mich irgendjemand zum Spülen schicken, soll ich ganz schnell abhauen. Heut morgen sei der große Chef, den ich nicht kenne, in den Raum gekommen und habe sich zwei Leute rausgesucht und die dann zum Spülen geschickt. Mohammeds Freund war einer der beiden. Er meint, es sei wirklich ekelhaft gewesen. Er erzählt mir, dass sich die beiden nach fünf Minuten verdrückt hätten, um sich zu verstecken und zu essen. Ich bin ihm jedenfalls sehr dankbar. Ab jetzt werde ich achtsam sein, wenn der große Chef kommt. Und da ich nicht weiß, wer das sein soll, werde ich sobald jemand in den Raum kommt dessen Gesicht ich nicht kenne, achtsam sein. Mir gegenüber sitzt Max mit Bart. Er hat ein ganz dickes Buch von Ken Follett in der Hand. Er ist der erste hier, den ich lesen sehe. Ich weiß nicht, ob er besonders mutig ist oder ob die anderen nicht lesen.

-Helmut Middendorf hat grad zwei meiner Bilder geliked.
-Uuh!! Yeah!! Famefamefame!!

Ich bekomme einen Auftrag. Robert drückt mir einen so genannten Schein in die Hand. So ein Schein besteht aus mehreren Seiten Papier. Ich finde Lieferadresse und Lieferung gleich auf der ersten Seite. Die anderen Blätter sind Kopien davon in unterschiedlichen Farben. Die erste Kopie ist gelb. Die bekommt der Kunde mit der Lieferung. Die nächste ist rot. Die gibt man in der Küche ab, wenn man etwas da abholt. Den blauen Zettel bekommt Aladdin aus dem Getränkelager und der grüne ist für das so genannte Magazin. Da bekommt man zum Beispiel Gläser oder Teller, Zapfahn, Flaschenöffner oder, wie ich jetzt, einen Eimer für Mund- oder Chrusheis. Ich gebe den grünen Zettel einem jungen Mann mit schlechter Haltung und Frisur. Er schaut immer etwas von unten nach oben und hat seinen Mund offen stehen. Er motzt immer rum. Aber er meint es nicht böse. Das merkt man. Man sollte immer *Danke* und *Bitte* sagen, damit er weniger motzt. Aber ich glaube sowieso, er denkt nur sein Motzen wäre witzig.

Ich warte auf meinen Eimer. Aus einem Radio läuft irgendeine Radiomusik, die ich nicht kenne. Und sie wäre mir nicht aufgefallen, wäre in dem Augenblick nicht Heike herein gekommen, die im Vorbeigehen zu mir sagt Das ist übrigens die neue Lindsay Sterling. Ich sage, dass ich das nicht kennen würde. Da bleibt sie stehen und kommt zurück. *Das ist aber traurig!* sagt sie. *Man kann nicht alles ken-*

nen! sage ich. Sie schaut etwas verdutzt. Dann sagt sie noch ein Mal *Das ist aber traurig.* Und *Also wenn meine Mutter...* Dann fragt sie den ungehobelten Typen nach der CD-Hülle. *Unterm Radio!* Sie geht zum Radio, kramt die Hülle da irgendwo hervor und zeigt sie mir. Ich weiß nicht, was ich sagen soll. Es ist eine CD-Hülle. Was soll man dazu sagen? Aber weil Heike nett ist, fange ich an zu nicken. Dann bekomme ich meinen Eimer mit Deckel und ich gehe damit zur Eismaschine. Ich nehme ein große Schaufel und befülle damit den Fünf-Liter-Eimer mit Mundeis. Man sagte mir noch vorher, ich solle den Eimer richtig voll machen, da die Kunden sehr viel Geld dafür bezahlen. Ich schaue auf den Schein. Da steht wirklich, dass dieser Eimer mit Eis sehr viel Geld kostet. Allerdings kosten die Dinge auf den Scheinen den Ausstellern immer sehr viel Geld.

Ich bekomme heute sehr viele Aufträge und muss oft durch dir Spülküche laufen. Irgendwann bilde ich mir ein, dass es mir bei jedem Gang leicht hochkommt und ich versuche jedes Mal lange die Luft anzuhalten.

IFA Tag 7

Ich freue mich darüber, dass heute der vorerst letzte Tag ist und ich merke schon, dass es sieben Tage am Stück waren beziehungsweise ja noch sind. Ich habe die letzte Zeit nicht mehr so viel Anspannung gespürt und wenn da doch noch welche war, dann nur, weil ich nicht glauben wollte, dass es immer noch nicht vorbei war oder wenn ich über die Bezahlung nachdachte und zu rechnen begann. Außerdem ist jetzt schon Nachmittag. Der Nachmittag ist meine Lieblingstageszeit.

Man teilt uns in Zweier-Teams auf. Ein Fahrer und ein Läufer. Mein Fahrer ist Robert. Es handelt sich dabei nicht um den Koordinator Robert. Ich denke, ich habe mit dem Fahrer Robert Glück. Er ist Anfang- oder Mitte Zwanzig, blond, dünn und groß. Die Organisation ist heute anders. Jedes Team bekommt einen Stapel Scheine, worauf steht, an welchen Ständen wir was abholen bzw. -räumen müssen. Wichtig sind heute vor allem Geräte wie Wasserspender, Kaffeemaschinen und auch Kühlschränke. Koordinator Robert erklärt uns, worauf wir dabei achten sollen, an welchen Stellen die Geräte schnell kaputt gehen. Finden wir eine Beschädigung, dann sollen wir die notieren. Außerdem wird heute einer der farbigen Seiten aus dem Schein am Gerät befestigt, damit es besser zugeordnet werden kann. Der Rest ist wie immer. Außer, dass wir Pfand, Geräte, Geschirr und Scheine zu einem extra geschaffenen Sammelpunkt zentral auf dem Messegelände gelegen fahren, an dem ein LKW steht und drei Kollegen, die alles sortieren und verwalten. Die Kollegen sind Thomas, Max mit ein wenig Bart und Marta. Sie ist der Chef am Punkt.

Wir beladen das Auto mit Plattenwagen, setzen uns rein und das Autoradio springt an. Ich stöhne etwas wegen der Musik. Robert sagt die Musik sei ihm egal. Aber sein Fall sei das, was da läuft, auch nicht unbedingt. Eigentlich hört er Metal und davon unterschiedliche Variationen. Auch wenn er, wie er sagt die unterschiedlichen Stile und ihre Bezeichnungen nicht auseinanderhalten kann. Wir fahren zur Halle 26 und beginnen abzuräumen. Beim Stand von Mediashop bekommen wir ein paar Probleme. Wir suchen vergebens mit der da verantwortlichen Dame nach Wassergallonen, bis ihr einfällt, dass die in dem Stand als beschwerendes Element eingebaut wurden. Wir einigen uns darauf, dass wir später noch ein Mal wieder kommen. An einem anderen Stand treffen wir auf eine holländische Firma mit zwei deutschen, hübschen, etwas kurzen Mitarbeiterinnen, die unter anderem die Einfuhr von Getränken und Ausfuhr von Pfand regeln. Eigentlich dürfen wir das nicht, aber die dunkelhaarige mit dem aufregenden Augenaufschlag drückt mir eine 0,2 Liter Glasflasche Coca Cola in die Hand und sagt *Du musst jetzt Cola trinken.* Wir trinken Cola, um einen leeren Kasten zu vervollständigen. Die Holländer verstehen unser Pfandsystem nicht, weil sie ganz müde von der Messe sind und andere Dinge im Kopf haben. Aber sie haben noch mehrere, nicht angetastete Bier- und Cola Kästen, die sie zurückgeben wollen und dafür nur das Pfand erhalten würden. Die Mädchen und ich versuchen sie zu überreden, die Getränke einfach mit nach Holland zu nehmen oder auf der Fahrt zu trinken. Robert räumt derweil schon in ihrem Getränkelager die Kästen zum Abtransport zurecht. Irgendwann kommt er aus diesem dunklen Loch heraus und fragt, ob wir jetzt gehen können. Die Mädchen sind etwas aufgedreht, ich denke weil sie übermüdet sind, und reden viel und schnell. Robert ist das etwas unangenehm. Sie reden viel und oft fallen die Worte *Flasche*, *Kiste*, und *Mitnehmen*. Da macht Robert einen schlechten Witz und sagt zur dunkelhaarigen *Ich kann auch dich mitnehmen!* und geht weg. Sie schaut mich an und fragt Wieso will er denn mich mitnehmen? Ich sage *Das weiß ich auch nicht.* Ich frage mich auch, wie der dich in eine Kiste kriegen will. Dass mein Witz mindestens genauso schlecht ist bzw. dass er überhaupt als Witz verstanden werden kann, bemerke ich erst, als wir schon wieder im Auto sitzen. Ich wollte nur irgendetwas sagen und es ging darum etwas in Kisten zu stecken. Ich sage Robert, dass ich die Mädchen vom Holländerstand süß fand. Er sagt Ja ich habe ja auch zu der einen gesagt, dass ich auch sie mitnehmen kann. Er wiederholt den Witz so, als wäre er sehr stolz darauf.

Wir gehen nach nebenan in die Halle 25 und machen da weiter. An einem kleinen Stand zählen wir die Getränkekisten, die wir mitnehmen wollen, und als wir uns umdrehen, ist unser Wagen verschwunden. Die Halle gleicht einer Baustelle, da überall die Stände abgebaut werden und der Teppich entfernt wird und ich erinnere mich an etwas, das ein ehemaliger Kollege zu mir gesagt hat. *Beim Messebau müsse man sehr gut auf seine Sachen aufpassen.* Ich hatte nie etwas wertvolles bei mir, auf das ich hätte aufpassen müssen, aber jetzt verstehe ich. Im Regal bei den Getränkekisten, für die wir jetzt unseren zweiten Wagen holen müssen, steht ein Plastikbecher mit drei Teppichmessern drin. Neongrün und billig. Ich greife ohne hinzuschauen hinein und nehme mir eins heraus. Ich habe das einzige Benutzte genommen, bei dem die Hälfte der Klinge und das hintere Plastikteil schon fehlt.

Wir fahren zum Sammelpunkt, entladen unser Auto und nehmen unauffällig einen Plattenwagen mit, der da unbeaufsichtigt rumsteht. Von unserem Verlust aus Halle 25 erzählen wir niemandem. Unsere Stimmung ist gut und wird besser, je später es wird. Wir bekommen neue Abholscheine und einer davon bringt uns zum T-Mobile Stand. Der befindet sich draußen, inklusive Basketball Korb und Bar. Wir holen Tischdecken ab. Robert kümmert sich um alles. An der Bar sind riesige Boxen aufgebaut, aus denen laut Janie's Got A Gun dröhnt. Es ist so laut, dass man sich anschreien muss und es immer noch schwer fällt, sich zu verstehen. An einer Wand, auf einem erhöhten Punkt, tanzt ein Mitte-Vierzigjähriger, und das ist der eigentliche Grund, warum Robert alles alleine machen muss. Ich kann nicht aufhören, den sich extrovertiert-bewegenden Mann anzustarren. Ich schaue immer mal zu Robert, aber der interessiert sich null für ihn. Leute beginnen Fotos und Videos von dem Tänzer zu machen. Ich hatte schon darauf gewartet. Da springt auf einmal ein anderer Mann zu ihm und tanzt mit. Er ist mindestens 20 Jahre jünger. Er könnte sogar noch ein Teenager sein. Dann ist der Song aber bald darauf zu Ende und der Mann geht von der Bühne. Der andere folgt ihm. Ich höre, wie der jüngere den älteren fragt, wer er denn eigentlich sei und der ältere antwortet, dass er der Chef von dem Stand sei. Er wirkt auf mich auch nicht sonderlich betrunken. Der jüngere aber schon. Die Tischdecken sind gezählt. Es sind dreißig, die Hälfte davon benutzt. Wir fahren zum Großen Stern. So heißt ein Ort auf dem Messegelände. Es gibt auch einen kleinen Stern. Im großen sollen wir etwas abholen, das nicht mehr da zu sein scheint. Wir suchen die Etage ab und Robert ruft anschließend Marta an. Sie sagt, dass wir uns den nächsten Schein vornehmen können. Aber wir gehen erst noch auf Dachterrasse und schauen uns den schönen Ausblick an.

Wir fahren zur Halle 7a und ich warte draußen, während Robert auf Toilette ist. Ich würde gern rauchen, habe aber keine Filter mehr. Da kommt ein weißer Lieferwagen mit sehr lauter Musik vorbei gefahren. Er hält vor meiner Nase. Drinnen sitzen der Fahrer Lennart am Steuer und einer, den ich nur vom Sehen her kenne, ich aber mag, weil er immer freundlich schaut und grüßt. Lennart trinkt ein Bier und ich muss darüber lachen. Er bietet mir eins an. Aber ich denke mir, dass man Bier sehr gut in der Luft, die man ausatmet, riechen und identifizieren kann, und ich weiß nicht, was passiert, wenn ich alkoholisiert bei der Arbeit von irgendeinem Chef, den ich vielleicht noch nie gesehen habe, angetroffen werde. Ich denke mir, dass man vielleicht genau auf so etwas wartet, um einen ohne zu bezahlen rauszuwerfen. Dann wären all die Tage für die Katz. Ich lehne also ab und bin enttäuscht von meiner eigenen Entscheidung. Ich frage, ob sie Filter im Auto haben. Filter haben wir nicht, antworten sie, aber sonst haben wir alles. Dann fahren sie biertrinkend und schnell mit lauter Musik davon.

Dann treffe ich Malte. Ihn habe ich am Vortag kennengelernt und wir verstehen uns gut. Er ist 19 und unbeschwert, verspielt, dynamisch. Er sieht sehr gut aus und ich finde, er sollte Model sein. Er findet das nicht, weil er nicht gern im Mittelpunkt steht. In diesem Augenblick sieht er besonders wach aus, aber steht allein rum. Ich frage ihn *Na, ist dir langweilig?* Er sagt, dass vor allem die anderen langweilig seien. Robert, der gerade wiedergekommen ist, schlägt vor, Malte könne auch einfach bei uns mitfahren. Mit Malte in unserer Gruppe ist jedes Pflichtgefühl verloren gegangen. Er erzählt uns, dass er nur schauen will, was er mit nach Hause nehmen kann - egal was. Wir fahren wieder zur Halle 26 um zu schauen, ob die Wassergallonen mittlerweile aus der Architektur befreit wurden. Wir kommen an einem Haufen Schrott vorbei. Malte will ihn sich unbedingt anschauen. Dieser Haufen besteht hauptsächlich aus Wasserkochern und Kaffeemaschinen, die sehr neu aussehen, und wir können nicht glauben, dass das alles weggeworfen wird. All diese Geräte haben keine Kabel. Ich interessiere mich nicht weiter dafür, gehe in die Halle und warte, bis die anderen beiden nachkommen. Am Stand ist alles beim Alten. Niemand kam um etwas abzubauen. Malte durchsucht den hinteren Teil des Standes und findet einen Kühlschrank und darin eine Stiege Getränkedosen. Energydrinks, Coca Cola und sehr viel Coca Cola Zero. Er nimmt den Flachen Karton heraus, stellt noch einzelne Dosen, die er hier und da finden kann oben drauf und wir gehen zurück zum Auto. Wir machen eine Trinkpause und er fragt mich, was ich haben will. Ich bitte ihn um eine normale Cola, weil ich Coke Zero nicht trinken kann. Ich frage ihn, was er damit will. Er sagt, man könne es zum Schnapsmischen benutzen. Außerdem bekomme man für die Dosen Pfand. 25 Cent pro Dose. Ich bezweifle das ein wenig, sage aber nichts. Auf der Weiterfahrt finden wir noch einen der Schrotthaufen und Malte sagt Robert er solle anhalten, dann springt er raus und kommt mit irgendeinem Gerät, von dem er selber nicht weiß, was es sein soll zurück. Er untersucht es und nimmt an, dass es ein Mixer ist. Dann stellen wir fest, dass es kein Innenleben hat und nur ein Dummy ist.

Wir fahren zur Halle 9. Da gibt es einen Stand von Sharp an dem wir eine Menge Geschirr abholen sollen. Doch am Stand ist ein Nachtwächter, der sagt, er könne uns nichts mitnehmen lassen, weil seine einzige Aufgabe es sei, aufzupassen, dass eben niemand etwas mitnimmt. Robert ruft Marta an, die sagt, sie

würde das klären und bis dahin sollen wir andere
Stände anfahren. Und trotzdem wir nicht gerade dis-
zipliniert und zielstrebig sind, haben wir irgendwann
alle unsere Scheine abgearbeitet und kehren zu Halle
9 zurück. Da sitzen jetzt zwei Nachtwächter und sagen uns wieder, dass wir nichts mitnehmen können.
Allerdings holt jetzt der neue Nachwächter sein Telefon heraus und ruft seinen Chef an. Er verschwindet
kurz, kommt wieder und gibt uns das Okay mitzu-
nehmen, was auf dem Schein steht. Es ist sehr viel
Geschirr und wir müssen mehrmals mit unseren Wagen vom Stand zum Auto und wieder zurück fahren.
Dann ruft Marta an und fragt, wo wir bleiben. Robert
versucht ihr klar zu machen, dass wir besonders flei-
ßig und deshalb noch unterwegs sind. Dann fahren
wir in Richtung Halle 7. Vorm Pfandlager steht Marta und schaut uns von Weitem schon entgegen. Sie
sieht sauer aus. Malte hat all die Getränkedosen auf
dem Schoß stehen und wir werden etwas hektisch.
Beim Aussteigen schafft es Malte die Tür nur einen
Spalt zu öffnen, lässt die Stiege mit den Dosen links
von seinen Beinen rutschen und gleitet nach rechts
runter vom Sitz. In dem Augenblick, lege ich einen
Rucksack von Robert auf die Dosen und drück mich
selber an ihnen vorbei. Draußen merken wir, dass
Marta gar nicht sauer ist. Sie sagt, dass wir eine gute
Arbeit gemacht haben, dass es spät sei und fragt, ob
wir noch arbeiten können. Robert und Malte sagen,

dass die letzte Bahn ca. 20 nach 12 fährt und dass sie die gerne noch bekommen würden. Also schickt Marta uns nach Hause.

Wir gehen gut gelaunt unsere Polohemden in den Gitterwagen werfen. Malte sagt, dass er seins nicht ein Mal gewechselt hat und dass es auch an der Zeit ist, das Ding los zu werden. Heute ist der erste Tag, an dem wir neun Stunden gearbeitet haben. Wir gehen nicht wie ich sonst immer zum Westkreuz, sondern zur S-Bahn Haltestelle Messe Süd. Sie sagen, das sei kürzer. Ich weiß, dass dem nicht so ist, sage aber nichts und gehe mit ihnen mit. Wir müssen noch acht Minuten auf die S5 warten. Malte gibt mir eine Zigarette. Ich zeige ihnen, was ich gestern noch herausgefunden habe. Wenn man sein Ticket entwertet, dann kann man vorher seinen Daumen anlecken, so, dass viel Spucke drauf ist und gleich nachdem man das Ticket aus dem Schlitz zieht, damit über den Stempel fahren. Die Tinte löst sich auf und man kann sie wegwischen. Man sollte nicht zu viel entfernen, damit ein Kontrolleur den Stempel noch erkennen kann, aber auch nicht zu wenig, damit man noch ein zweites Mal drüber Stempeln kann. Am besten man benutzt beim ersten und beim zweiten Mal stempeln den selben Entwerter, besser noch die selbe Uhrzeit. Ich entwerte mein Ticket, das ich am Vortag mit Spucke bearbeitet habe ein zweites Mal und zeige es Robert und Malte. Sie sagen, dass man nicht sieht, dass das Ticket ein zweites Mal entwertet wurde. Die S5 fährt ein und wir stellen fest, dass die nur bis Charlottenburg fährt. Das sind nur noch zwei Haltestellen. Für Malte und mich spielt das keine Rolle, weil wir am Westkreuz in die Ringbahn umsteigen. Aber Robert muss noch irgendwo hinters Ostkreuz. Wir raten ihm, mit in eine Ringbahn zu steigen und vom Ostkreuz aus weiter zu schauen. Aber er will sein Glück in Charlottenburg versuchen und hofft, dass von da aus bald noch eine Bahn nachkommt oder vielleicht schon da steht, die ihn nach Hause bringt. Malte und ich steigen aus und wünschen ihm Glück. Wir gehen nach oben zur Ringbahn. Die S42 kommt und er steigt ein. Kurz darauf fährt auch die S41 ein und jetzt kann auch ich nach Hause fahren.

Alexander Denkert

Mach es

Man bot mir per eMail einen Termin um 11.00 Uhr am nächsten Tag an. Ich nahm an. Ich war zehn Minuten zu früh, fuhr mit dem Fahrrad noch ein Mal um den Block, bis ich nur noch fünf Minuten zu früh war. Ein junger Mann begrüßte mich, ich sagte ihm, dass ich einen Termin habe. Er gab mir Zettel, die ich ausfüllen sollte und lies mich warten. Ich konnte durch ein Fenster in einen Büroraum mit mindestens drei Arbeitsplätzen sehen. Außerdem stand noch eine Tür zu einem anderen Raum offen und ich konnte hören, was die Leute darin beredeten. Drin waren ein Teenager-Mädchen, das offenbar angestellt war. Sie machte nicht den fähigsten Eindruck und fragte immer wieder bei einem großen schlanken Mann nach, was sie da eigentlich machen soll. Sie war klein und süß und trug zu viel Make-Up im Gesicht. Mir kam das alles sehr klischeehaft vor. So redete der Mann mit ihr, als müsse er dem Klischee der dümmlichen, aber süßen Auszubildenden noch eins drauf setzen und das Klischee eines schmierigen Chefs spielen. Während er redete, warf er immer wieder einen gelben Ball mit einer Hand hoch und fing ihn wieder auf.

Ein dicker Typ mit Glatze, Ziegenbart und großen Plastikteilen in den Ohrläppchen kam herein und setzte sich neben mich. Er bekam auch einen Zettel zum Ausfüllen. Ich wartete schon jetzt 40 Minuten, da kam Herr Schmidt. Er stellte sich kurz vor. Bei mir und dem Glatzkopf. Er entschuldigte sich für das lange warten, aber es würde gleich losgehen und er erklärte schon mal kurz die Rahmenbedingungen. Würde es uns nicht passen, könnten wir ja wieder gehen. Er verschwand und genau das gleiche wollte ich auch tun. Ich blieb aber sitzen und wollte ihm persönlich sagen, dass das so für mich nicht in Frage kommen würde. Ich wartete weitere zehn Minuten und ging dann raus - entschlossen Heim zu gehen. Ich machte einen Anruf. *Ich komme jetzt nach Hause, ich kann das hier nicht machen.* Ich lies mich überreden, meinen Entschluss noch ein Mal zu überdenken. Es sei ja nicht für immer und bevor ich gar nichts hätte, sei es besser, so etwas mal zu machen. Ich ging zurück. Herr Schmidt schaute mich durchs Fenster im Büro an und holte mich gleich zu sich herein. Ich fragte, ob beim Stundenlohn etwas zu machen sei. Nichts zu machen. Ich willigte trotzdem ein, wenn auch

nicht gerade glücklich. Herr Schmidts Auszubildender machte Kopien von Personalausweis, Geldkarte
und Krankenkarte. Herr Schmidt machte nebenbei
Smalltalk, erzählte von großen Wänden, die er hätte,
und dass ich ihn auf dem Laufenden halten solle, sollte ich ein mal eine Ausstellung haben. Nicht, dass er
viel Geld haben würde, aber es würde ihn doch sehr
interessieren. Ich musste viele Unterschriften geben.
Herr Schmidt erzählte mir unter anderem, dass es
14 Tage im neuen Monat dauern kann, bis man mir
mein Lohn gezahlt hat und dass ich eine Kopie des
Arbeitsvertrags in ein bis zwei Wochen bekommen
würde.

InnoTrans Tag 1

Heute bin ich viel entspannter als noch vor ein paar Wochen. Es ist jetzt irgendwas nach 11.00 Uhr. Ich soll um 12.00 Uhr anfangen. Da jetzt die Ringbahn wieder fährt, ist auch alles einfacher. Allerdings muss ich noch Messeausweis und Poloshirt bekommen. Wer weiß, wie lange sich das wieder hinzieht. Die halbe Stunde Warten und die halbstündige Einführung beim letzten Mal wurde mir ja nicht aufs Stundenkonto gutgeschrieben. Die Außentemperatur soll heute angeblich unter 20 Grad liegen. Aber die Sonne strahlt mir ins Gesicht, und wenn ich in die S-Bahnscheibe schaue, dann sehe ich, wie lang meine hellen Barthaare sind und wie grob meine Poren auf der Nase.

Mir gegenüber sitzt ein rothaariges Mädchen mit Sonnenbrille. Die Haare sind nicht orange-rot sondern dunkler. Die Brille ist rund. Sie muss niesen und ich sage *Gesundheit!* und sie sagt *Danke!* und dann

steht sie auch schon auf, um auszusteigen. Jungfern-
heide. Ich sehe ihr nach. Sie hat kurze Beine, die in
einer weiten blauen Jeans stecken, welche ihren Hin-
tern nicht gut aussehen lassen.

Am Westkreuz angekommen, rufe ich Herrn
Schmidt an. Ich sage ihm, dass ich in zehn Minuten
am Tor 9 bin und er mich da treffen kann, um mir
meinen Messeausweis auszuhändigen. Er sagt, dass
er noch keine Messeausweise hätte. Man könne aber
auch ohne Ausweis die Messe betreten. Ich solle nur
am Tor 9 sagen, dass ich vom Catering sei. Am Tor
9 angekommen mache ich das und ich werde hinein
gelassen. Ich gehe zur Halle 7c, fahre mit dem Aufzug ganz nach oben zum Büro. Der Mann mit dem
Schnauzer, der mir entgegenkommt nachdem ich
eintrete, ist der selbe wie beim letzten Mal. Er fragt
mich nach meinem Namen und der Firma für die
ich arbeite. Dann schaut er ein paar Listen durch
und sagt, dass ich falsch bei ihm sei. Ich müsse mich
bei den Fahrern melden, sagt er. Ich sage ihm, dass
ich aber gar kein Fahrer bin und nie war und dass
ich eine eMail von Time Crew erhalten habe, in der
ich als Fahrer gelistet war, dass ich aber auch drauf
aufmerksam gemacht habe, dass da ein Fehler vor-
liegt. Der Mann mit dem Schnauzer gerät ins Grü-
beln, geht zu einem Kollegen und meckert bei ihm
über Time Crew. Dann sagt er zu mir *Komm mal mit*
und ich folge ihm. Auf dem Weg fragt er mich, ob ich

nicht doch fahren könne. Ich verneine und sage ihm, dass ich keinen Führerschein habe. Er fragt mich, ob ich den vielleicht erst vor Kurzem verloren hätte. Vor den Rolltreppen treffen wir Herrn Schmidt und der Mann mit dem Schnauzer beschwert sich bei ihm, weil ich als Fahrer und nicht als Läufer gelistet bin. Herr Schmidt spielt leichtes Entsetzen und Demut. Dann gehen wir runter zum Raum, in dem man sich umkleidet. Herr Schmidt bleibt oben. Heute entscheide ich mich dafür, es noch ein Mal mit einer M beim Polohemd zu probieren. Ich habe das Gefühl, dass wenn ich um eine XL bitte, ich irgendwie provokant wirken würde und ich mindestens eine Nachfrage zu beantworten hätte. Nachdem ich mir das Polohemd angezogen habe, erklärt mir der Mann mit dem Schnauzer den Weg. Denn der Raum, in dem gewartet wird, ist nicht mehr hinter der Spülküche irgendwo. Jetzt ist der auf einer Zwischenebene im Raum Weimar. Aber auch in 7a. Er erklärt es kompliziert und bringt mich dann persönlich dahin. Es ist kurz vor 12.00 Uhr. Also alles pünktlich. Ich fange diese Woche jeden Tag 12.00 Uhr an, weil ich gesagt habe, dass ich eine Frühschicht nicht machen würde. Dirk erkennt mich und trägt mich ein.

Die meisten der Leute im Raum sind sehr junge Männer. Viele auch einfach nur Jungs. Und ich erkenne sehr wenige wieder. Ich habe auch nicht viel Zeit mich umzusehen, ich bekomme gleich einen

Auftrag. Halle 3.1, Wasser und Sektgläser. Ich bewe-
ge mich etwas unsicher. Ich habe das Gefühl, die Ab-
läufe vergessen zu haben, kann mich aber an alles erinnern. Die Getränke warten jetzt nicht mehr in der
zweiten Etage von Halle 7a, sondern parken direkt
davor. Ein Mann mit Klemmbrett steht davor. Dem
muss ich nun den blauen Schein geben, damit er mir
zeigt, wo das Wasser steht. In den zweiten Stock muss
ich aber trotzdem fahren, um die Gläser zu holen. Da
schickt man mich aber wieder runter, weil die Gläser
jetzt in einem großen Zelt gelagert sind, das da steht,
wo letztens noch das Pfandlager war. Ich fahre mit
meinem Wagen, auf dem das Wasser steht, wieder
nach unten und gehe ins Zelt. Dort bekomme ich für
den grünen Zettel die Gläser und ich mache mich auf
den Weg zum Kunden. Die Messe ist noch nicht geöffnet und überall wird noch an den Ständen gebaut.
Ich beschließe also nicht durch die Hallen, sondern
drumherum zu laufen. Auf die andere Seite von 7a,
rechts und zwischen Halle 2.2 und 4.2 zur 3.2. Ich
nehme den Fahrstuhl zur 3.1 und habe anschließend
meine Probleme mich mit meinem Wagen durch
die Baustelle, um Handwerker und Werkzeuge zu
schlängeln. An einer Stelle wird es ganz eng und irgendwann gehts gar nicht mehr weiter. Aber der Ziel-
stand ist nicht weit weg und so gehe ich einfach den
Rest ohne meinen Wagen und sage den Ausstellern,
dass ich Wasser und Gläser bringe. Sie sind gut drauf

und machen Witze und helfen mir beim Abladen, unterschreiben den Lieferschein, nehmen den gelben Zettel und ich kann den Rückweg antreten.

An der besonders engen Stelle bleibe ich jetzt an der Konstruktion des sich da befindenden Standes hängen und fahre mit meinem Wagen eine kleine Kerbe ins Holz. Ein Handwerker schaut auf das Malheur, schnauft und dreht sich um. Ich ziehe meinen Wagen ein paar Meter weiter, um wenigstens den Weg frei zu machen und warte was passiert. Zwei Handwerker und einer der für den Stand verantwortlich zu sein scheint stehen da, schauen frustriert drein. Ich versuche Augenkontakt mit jemandem aufzunehmen, um festzustellen, was ich jetzt eigentlich machen könnte. Niemand versucht mit mir in Kontakt zu treten. Ich schaue fragend in die Runde und der, der kein Handwerker ist, beginnt mich nachzumachen. Das ist mir sehr unangenehm. Ich gehe zu ihm. Ich frage ihn, was ich tun kann. Er antwortet mir in einem schwer zu verstehenden Englisch, ich könne vielleicht etwas vorsichtiger fahren. Ich sage ihm, dass ich das auf jeden Fall versuchen kann, aber jetzt, da das Unglück schon passiert ist, was kann ich machen? Er antwortet nicht. Ich zeige auf das Logo auf meinem Polohemd und sage ihm, dass er sich da melden kann. Die Catering-Firma ist sicher für solche Fälle versichert, sage ich ihm und auch, dass es mir sehr leid tut. Er sagt, dass es schon okay sei und schickt mich weg.

Zurück im Raum gibt es bei den Koordinatoren Robert und Marta Aufregung. Irgendetwas ist schief gelaufen, weil irgendjemand sich von irgendwo entfernt und seine Kollegen im Stich gelassen hat. Einer der Fahrer, der auch schon beim letzten Mal dabei war, berichtet, dass dieser jemand das schon des Öfteren so gemacht hat. Die Koordinatoren sind empört und beschließen diesen verantwortungslosen Kollegen nach Hause zu schicken und er soll auch die nächsten Tage nicht wieder kommen.

Als der Übeltäter dann kommt, muss Robert es ihm das sagen. Marta ist grad nicht da. Robert ist das sehr unangenehm - das kann man sehen. Der Kollege ist vielleicht Anfang Zwanzig und sagt Robert, er wolle auf seinen Chef warten. Robert sagt, das könne er machen. Sein Chef kommt auch bald. Ein Typ, groß und dick und mit einem Bart, der den ganzen Hals verdeckt. Der Hals ist sehr kurz, aber es ist trotzdem ein sehr langer Bart. Die Haare hinten und an den Seiten sauber ausrasiert, vorne lang und mit Gel nach hinten gelegt. Er macht einen energetischen Eindruck. Er stellt sich breitbeinig vor Robert und erklärt ihm mit lauter Stimme, dass das so nicht gehen würde. Robert entgegnet ihm, dass er solche Leute wie diesen undisziplinierten Jungen nicht haben will. Der bärtige sagt, dass man die Geschichte des Jungen ja noch gar nicht mal gehört habe. Er schaut ihn an, fragt den Jungen *Und deine Version?* Aber man sieht dem Jungen an, dass er keine Version hat. Zumindest keine, die ein besseres Licht auf ihn werfen würde. Robert sagt dem bärtigen, dass er den Jungen schon ausgetragen habe und dass da nichts mehr geht und dass er ihn auch die nächsten Tage nicht haben will. Der bärtige sagt Robert, dass man mehr reden muss, zitiert den Jungen zu sich und verschwindet mit ihm.

Ich bekomme einen Auftrag. Ein Fahrer kommt zu mir, drückt mir einen Lieferschein in die Hand und sagt, ich solle mir drei Leute suchen. Wir sollen die Dinge, die auf dem Schein stehen zusammensammeln, in Gitterwagen packen und ihm dann Bescheid geben. Er sagt, er würde dann im Zelt sein, auf uns warten, damit wir dann den LKW beladen können. Die ersten beiden, die ich frage, ob sie mir helfen wollen, lehnen ab. Sie sagen, sie seien grad erst zurück. Ich verstehe nicht ganz. Ich sage, dass mir das scheißegal sei. Und wie ich es schnell und laut gesagt habe, ist es mir auch peinlich. Drei andere finden sich. Ein nicht mal 1,80m großer dunkelhaariger mit schmalem Gesicht und freundlichen Augen; ein Riese, der mich überragt und doppelt so breit ist wie ich; und Jörg, der kleine, dünne, redselige Jörg mit Halbglatze und langen Haaren zugleich. Gemeinsam gehen wir hoch und suchen die Lieferung zusammen. Diese besteht aus zwei Kästen Bier, zwei Gitterwagen voller Gläser, vier 50 Liter Fässer Radeberger und 17 Aluminiumflaschen von Pepsi, die man an eine Zapfanlage anschließen kann, damit dort Limo rauskommt. Eine dieser Flaschen wiegt 20 Kilogram. Für alles benötigen wir acht Gitterwägen. Wir suchen den Fahrer, finden ihn, er holt den LKW und wir beladen ihn. Das ganze Zeug geht zur Halle 5. Die ist gleich hinter 6 und neben 3, vor 25. Da wir nicht alle in den LKW passen, fährt er ohne uns los und wir müssen laufen. An Halle 5 angekommen merken wir, dass wir vergessen haben, ob die Lieferung in Halle 5.1 oder 5.2 soll. Also gehe ich mit dem schmalgesichtigen runter zur 5.1, während die anderen oben warten. Wir haben einen Smalltalk. Nach einer Weile in der der LKW nicht gekommen ist, beschließe ich oben nachzusehen. Ich gehe hoch, der LKW steht da. Ich gehe also wieder runter, um meinen Kollegen zu holen, und gemeinsam gehen wir wieder hoch. Die anderen sind dabei die ersten zwei Wagen von der Rampe zu ziehen. Es dauert eine Weile und als wir fertig sind, macht der Fahrer die Lade zu und fährt weg. Die Gitterwagen sind sehr schwer und mit ihren kleinen Rollen haben wir Probleme sie über den groben und teils löchrigen Asphalt zu ziehen, zu schieben, zu drücken - was eben grad besser geht. Wir kommen mit den ersten Wagen am Stand an und keiner weiß, wohin wir abladen sollen. Am Stand wird noch gebaut, Hostessen bekommen grad eine Einweisung. Wir beschließen einfach die restlichen Wagen zu holen und bald haben wir alle Wege um den Stand verstellt. In der Zwischenzeit haben wir einen Verantwortlichen gefunden. Der Stand besteht aus einem Häuschen mit Bar davor. Im Häuschen ist kaum Platz, aber wir sollen alles da rein stellen. Ich nehme zwei Bierkästen, einer links, einer rechts und versuche durch die schmale Tür zu kommen. Mit dem linken bleibe ich im Rahmen hängen und schlage somit eine gut sichtbare Kerbe hinein. Ein Handwerker sieht das, reagiert aber entspannt. Da streichen wir dann später drüber.

Das Geschirr stapeln wir hoch, müssen aber trotzdem mehrere Türme bauen. Ein paar der Wagen sind jetzt leer und ich beauftrage Jörg diese schon mal raus zu fahren und zu sammeln. Und er soll gleich draußen warten, damit die nicht geklaut werden. Dann kommen die Fässer, die wir zu zweit nehmen, dann die Limo-Aluminiumflaschen. Der kleine nimmt sie einzeln, weil zwei auf einmal zu viel sind. Damit hat er auch recht. Aber ich will schnell weg von diesem Stand. Die Handwerker, der Manager und die Hostessen sind mir viel zu aufgeregt und stehen im Weg rum. Also nehme ich immer zwei Flaschen auf ein mal und meine Hände werden bei jedem Gang etwas schwächer. Ich schwitze. Ich bin genervt von den zwei Mädchen, die an der Bar sitzen und uns zusehen. Ich überlege, ob die eine, die vom letzten Mal ist - die von dem Holländerstand. Es dauert sehr lang alles in dem Häuschen zu verstauen und ich bin außer Atem und suche den Manager. Er ist nicht ganz bei der Sache, will aber die Lieferung noch ein Mal mit mir durchgehen und hakt die gelieferten Dinge auf auf dem Lieferschein ab. Er vermisst nichts. Ich gehe zu den anderen beiden und sehe, dass sie die Wagen schon ineinander gestellt haben und wir schieben sie nach draußen, wo Jörg auf uns wartet. Ich entschuldige mich bei Jörg, weil es so lange gedauert hat, sage ihm dann aber auch, dass jemand bei den Wagen bleiben musste. Ich frage den großen nach Feuer, während ich mir eine Zigarette drehe. Er sagt *Du kannst auch eine richtige haben* und hält mir seine Schachtel Pall Mall entgegen. Ich lehne dankend ab, sage ihm, dass die richtigen Zigaretten doch teuer seien und ich die ihm vermutlich nie wieder geben werde. Wir machen uns auf den Rückweg und ich rauchend im Gehen. Die Wagen machen mit ihren Rädern und ihren Gittern solch einen Lärm, dass man wirklich sein eigenes Wort nicht versteht.

Halb sieben fragt mich Robert, ob ich schon Pause gemacht hätte. Ich verneine und er erinnert mich daran, dass ich eine Pause machen müsse! Ich sage ihm, dass ich eine Pause mache, wenn ich nicht nach meiner Pause direkt nach Hause geschickt werde, weil es nichts mehr zu tun gibt. Robert sagt, dass ich danach noch ein paar Stunden da sein werde, also mache ich Pause. Ich gehe zum neuen Pfandlager, welches sich nun mit Mülltonnen in einem kleinen Häuschen mit großen Türen befindet. Davor steht ein Stapel Paletten, auf den ich mich setze. Es ist immer noch sommerlich. Es wird nur eher dunkel. Ich rauche eine Zigarette, lese Fußballnachrichten auf dem Handy, dann spreche ich einer Freundin die Geburtstag hat auf die Mailbox. Dann schaue ich mir weitere Fußballnachrichten an, rauche noch eine und gehe wieder in den Raum.

Robert ordnet grad an alle Wagen von draußen in den Raum zu fahren. Es gibt also nichts mehr zu tun. Nachdem die Wagen verstaut sind, beginnt er jeden einzelnen auszutragen. Am Ende bin ich übrig und er sagt, ich könne noch beim Papierkram helfen. Das heißt: ich sortiere Lieferscheine. Ich soll auf verschiedene Dinge achten, sie in Stapel aufteilen und anschließend alphabetisch ordnen. Das mache ich mit Tobias und Thomas. Die beiden arbeiten nicht für eine Zeitarbeitsfirma, sondern sind direkt angestellt. Robert geht nach Hause und ich unterhalte mich nett mit den beiden. Tobias hat keine Haare auf dem Kopf. Er hat sie alle abrasiert, wohl weil er ohnehin eine Glatze haben würde. Dazu trägt er einen dunklen Bart, der zum Kinn gehend immer länger wird. Ich schätze ihn so alt wie mich oder vielleicht ein wenig älter. Genau wie Thomas. Thomas trägt keinen Bart und hat Haare. Hat aber einen großen kahlen Fleck auf dem oberen Hinterkopf.

Um neun Uhr sind wir lange mit dem Sortieren fertig und ich sage, dass wenn sie nichts mehr für mich zu tun haben, ich dann nach Hause gehen würde. Tobias trägt mich aus und ich gehe zur 7c meinen Rucksack holen.

InnoTrans Tag 2

Ich benutze immer noch die Spucke-Methode um beim S-Bahn-Fahren zu betrügen. Es würde sich für mich nicht lohnen eine Monatskarte zu kaufen. Die kostet um die 80 Euro, im Abo ca. 60, aber das würde sich nur lohnen, wenn ich jeden Tag Bahn fahren würde. So hole ich also immer diese Viererkarten für neun Euro. Von denen müsste ich mir dann jeden zweiten Tag eine neue kaufen, aber nun benutze ich sie ja doppelt. Die Spucke-Methode funktioniert nur mit Tickets, die man aus den Automaten an den S-Bahn-Haltestellen zieht. Den Tickets aus den U-Bahn-Automaten fehlt die richtige Beschichtung dafür. Heute benutze ich ein Ticket zum zweiten Mal, aber man kann noch deutlich den ersten Stempel erkennen. Da mich eine Fahrt mit diesem Fahrschein zu sehr stressen würde, entschließe ich mich einen unbenutzten Fahrschein zu stempeln.

Heute bin ich gerade noch pünktlich. Ich melde

mich an und ziehe mich gleich im Raum um, weil ich keine Zeit mehr hatte, das vorher zu erledigen. Den Rucksack stelle ich zwischen ein paar Getränkekisten. Da stehen auch noch andere Taschen und Beutel. Der erste Auftrag führt mich zu Hitachi in Halle 4.2. Ich treffe da jemanden, der mir sagt, wohin ich das Wasser bringen soll. Er fragt mich, ob ich den Code haben will. Ich verstehe aber Coke und sage ihm, dass ich grad eben etwas getrunken habe. Er versteht nicht, was ich ihm damit sagen will. Er wiederholt seine Frage. Dann verstehe ich und lasse mir den Code geben: 112243. Die Tür ist aber offen und ich gehe rein. Ein Mann kommt auf mich zu, sagt mir aber nur, dass er jemanden holt, der mir den gelben Zettel unterschreiben kann. Dieser Jemand fragt mich dann wo die anderen Kästen sind. Ich schaue auf den Zettel. Bestellt wurden fünf Kästen Wasser naturell und fünf Kästen Wasser spritzig. Ich habe jeweils nur einen gebracht. Ich entschuldige mich, gehe zurück zum Wasserdepot und lade neue Kästen auf. Der ganze Umweg kostet mich bestimmt 20 Minuten. Ich gehe wieder zu Hitachi, lade die neuen Kästen ab und lasse unterschreiben. Keiner hat noch ein Mal kontrolliert, wie viele Kästen ich gebracht habe. Viel später fällt mir auf, dass ich hätte vier von jeder Sorte bringen sollen, aber nur vier insgesamt gebracht habe.

Im Raum beobachte ich eine große, ziemlich dicke

Frau, die mir zurückgeblieben erscheint, weil sie sehr laut und ungefragt Offensichtliches ausspricht. An ihrem Handgelenk trägt sie eine iWatch. Mein Blick wandert weiter zu einem anderen Kollegen. Dieser ist blond, sehr schlank und zwei Meter und sechs groß. Das hat er mir zumindest so gesagt. Mir erscheint er wie zwei Meter und fünfzig. Er ist sehr jung und sieht gut aus. Er heißt Neven. Bei dem Namen muss ich an Fußball denken. So wie mir bei fast jedem Namen ein Fußballspieler einfällt und ich sowieso alles mit Fußball in Verbindung bringen kann. Auf einem Infostand dieser Messe entdecke ich das W-Lan Passwort. Es lautet: InnoTrans2016. Ab sofort lese ich in jeder freien Minute den Fußballtag im Liveticker von Spox.

Ich werde losgeschickt jemandem zu zeigen, wo er das Mundeis herbekommt und wie er es transportiert. Im Aufzug merke ich, dass er ein Idiot ist. Ich sage ihm, dass er einen Eimer holen muss und er widerspricht mir. Ich sage ihm noch ein Mal, dass er einen Eimer für das Eis braucht, dass er den gegen den grünen Zettel im Tausch erhält. Er widerspricht mir noch ein Mal, weil der Eimer nicht auf dem Lieferschein stehen würde. Ich frage ihn, wie er denn das Eis transportieren würde. Wir holen uns einen Eimer, dann zeige ich ihm die Eismaschine. Er deutet mir mit einer überheblichen Geste an, dass er schon alles verstehe und dass ich gehen könne. Ich bezweifle das stark, sag ihm, dass er den Eimer ganz voll machen soll und gehe weg.

Die Limo, die es hier seit gestern als Personalgetränk gibt, heißt Regensteiner und schmeckt eklig
nach Süßstoff. Ich vermisse die Limo vom letzten
Mal. Ich gehe raus rauchen, ohne mich abzumelden.
Ich werde von Marta dabei gesehen, aber sie sagt
nichts. Ich rauche die Zigarette sehr schnell und sie
ist eklig. Wieder im Raum findet mich Jörg und er erzählt ganz viel. Vor ihm bin ich eigentlich geflüchtet,
weil er heute eklige Schnaub-, Röchel- und Rotzge-
räusche macht. Er erzählt mir, dass am Wochenende
nur der Außenbereich für Besucher geöffnet ist. Die
Hallen seien nur für die Fachbesucher bis Freitag geöffnet. Der Eintritt am Wochenende würde drei Euro
betragen. Dafür kann man sich dann Züge und Straßenbahnen anschauen. Er erzählt mir, dass man für
einen IFA-Besuch 17 Euro hätte zahlen müssen und
auf der Grünen Woche sogar noch mehr. Außerdem
würde man da noch mindestens 50 Euro lassen. Ich
frage ihn, warum und wofür. Für Essen und Trinken.
sagt er. Man würde ja auch neue Stände ausprobie-
ren wollen. Ich verstehe nicht ganz, frage aber nicht
weiter nach. Ein Schnittchen hier für drei Euro, dann
noch ein Bier da und dort noch ein Bier und vielleicht noch ein Schnäpschen. Dabei muss er etwas
lachen. Man müsse dabei auf jeden Fall nicht viel
machen, sagt er, die 50 Euro ist man los. Ich will das
so eigentlich nicht akzeptieren, aber ich frage immer

noch nicht nach. Er redet immer weiter und erwähnt beiläufig, dass er mal in Kuba war. Ich stelle mir vor, dass er vielleicht früher mal für die SED da war und ich frage nach. Es war 2005, all inclusive, 1500 Euro. Es war alles super. 24 Stunden am Tag Essen und Trinken. Auch alkoholisches! Aber man kam nicht so recht aus dem Hotel raus, das muss man alles über das Reisebüro buchen - organisierte Reise. Havanna findet man nicht ohne, erzählt er mir. Alles schlecht organisiert. Er redet und stottert sicher eine halbe Stunde auf mich ein.

Ich werde auf eine Abräumrunde geschickt und bin mit einem Typen unterwegs der nur Spanisch und Portugiesisch spricht. Es leuchtet mir nicht ganz ein, wie es eine Ausbeuterfirma geschafft hat ihn hier unterzubringen. Insgesamt sind wir vier Stunden unterwegs ohne auch nur ein Wort miteinander reden zu können. Ich zeige ihm immer auf dem Plan die Nummern der Stände, zu denen wir gehen. Ich spreche Englisch mit ihm, obwohl er das genauso wenig versteht wie Deutsch. Auf dem Weg treffen wir den dicken Bärtigen, den Chef von diesem undisziplinierten Jungen von gestern. Er hält uns an und redet auf meinen Kollegen ein. Er kommt mit seinem riesigen Bartgesicht ganz nah an ihn heran und sagt erst mal *Ich bin dein Chef!* Ich bin mir nicht sicher, ob das überhaupt stimmt. Er versucht ihm zu sagen, dass er nicht seine Hände in die Hosentasche stecken soll.

Mein Kollege schaut ihn nur an und grinst dämlich und der Bärtige sagt immer *Verstehst du mich? Verstehst du mich?* Und ich denke mir die ganze Zeit: *Nein, er versteht dich nicht du Blödmann, geh weg!* Und er geht auch. Er hat nicht gemerkt, dass er nicht verstanden wurde. Mein Kollege schaut mich an. Ich zeige ihm, dass er auf meine Hand achten soll. Ich stecke sie in meine Hosentasche und schüttle den Kopf. Er versteht, wir gehen weiter. Weil ich die ganze Schreib- und Redearbeit übernehme, will er den Wagen schieben. Das kann ich gut verstehen. Einfach nur mitgehen, ohne etwas zu tun, gibt einem ein schlechtes und trotteliges Gefühl. Also geht er mir nach, den Wagen ziehend, der voller Leergut und Geschirr ist, während ich den Weg suche. An einem Stand macht jemand einen Witz, den ich wegen der Lautstärke in der Halle nicht verstehen kann. Ich drehe mich trotzdem um und schaue den Spaßvogel böse an. Er fühlt sich ertappt und ruft *Entschuldigung!* Mein Kollege und ich geben ein komisches Bild ab.

-Denkst du, wir essen heut zusammen Nudeln mit Aubergine?
-Wenn du auf mich warten kannst... Grad siehts nicht so aus als ob es heute spät wird. Aber man weiß ja nie.
Der Typ vom Ausstellungsbau vom Museumszeug meldet sich nicht.
-Hatte der dir seine Nummer geschickt?

-Ja, auch.
-Es kann auch gut sein, dass er etwas Zeit zum antworten braucht. War ja auch erst Freitag, dass er geschienen hat. Ansonsten kannst du ihn dann ja mal anrufen.
-Ja. Das wird schon.
-Liegt denn der Fahrradschlüssel irgendwo zu Hause?
-Transit
-Ok, dann fahr ich nämlich vielleicht noch ins Yoga.

Den restlichen Tag verbringe ich dann mit Stefan und Lennart. Wir fahren mit dem LKW zum City Cube, holen ein paar sehr schwere Gitterwagen ab, rauchen und reden dabei über Fußball.

In der Ringbahn setzen sich zwei Herren zu mir. Sie reden angeregt und sagen immer wieder das Wort *Arbeitskreise*. Zumindest einer von denen ist Politiker. Wenn er spricht, dann versucht er Diskretion auszustrahlen, indem er leiser spricht. Gleichzeitig aber ist er sehr deutlich und es ist nicht zu überhören, dass er seit den 80er Jahren auf internationaler Ebene für das Finanzamt arbeitet. Ganz besonders gut kennt er sich in Asien aus. Da reist er oft hin. Der andere beginnt jeden zweiten Satz mit *In unserem Arbeitskreis*. Dann kippt das Gespräch in Richtung AfD. Der mit den Arbeitskreisen regt sich über CDU und SPD und auch über Merkel auf und sagt immer, dass die ja auch nicht aller hier her kommen können. Der andere grinst ihn überlegen an und gibt ihm diplomatisches Kontra. Irgendwann lege ich mein

Gesicht in meine Hände und sage *Oh Gott!* Ich will dass sie mich hören und der eine deutet jetzt auch an, dass sie diese Unterhaltung jetzt besser unterbrechen sollten. Der Mann mit den Arbeitskreisen steigt an der Ringbahn Station Wedding aus.

InnoTrans Tag 3

Ich bin heute schon wieder sehr spät dran. Eigentlich war es mein Plan, noch vor der Arbeit ein neues Notizbuch zu kaufen. Aber dann hätte ich noch eine halbe Stunde eher das Haus verlassen müssten. Ich fühle mich nicht fit. Ich merke, dass der Job anstrengender ist, als ich es direkt bei der Arbeit empfinde. Ich mache mir Mut und denke, dass wenn heute vorbei ist, dann sind es nur noch zwei Tage.

Wie gestern schaffe ich es pünktlich zu sein, ohne aber vorher im Umkleideraum gewesen zu sein. Kaum habe ich mich eintragen lassen kommt Robert der Fahrer, fragt mich, ob ich mit ihm mit fahren will. Ich sage ihm, dass ich das will, fange an mich umzuziehen. Der Fahrer geht zu Robert dem Koordinator und fragt, ob er mich mitnehmen kann. Der Koordinator sagt, dass er warten soll, weil ich ja erst 12.00 Uhr anfange und es ist noch fünf vor 12.00 Uhr. Nachdem ich meinen Rucksack verstaut habe, gehe ich raus zum Zelt, wo Robert der Fahrer auf mich warten. Wir laden schwere Bierfässer und Geschirr in den Transporter. Dann fahren wir los. An einem Stand, der zwei Etagen hat, geht Robert die Treppe nach oben und kommt nicht wieder zurück. Ich gehe nachsehen. Er steht da an einer Bar und redet mit einer Hostess. Ich denke, sie kennen sich. Dann gehe ich hin und merke, dass sie über die Arbeit auf der Messe reden. Ich störe sie wohl, aber zu spät, denn jetzt haben sie mich gesehen und Robert muss mit mir mitgehen. Auf dem Weg zum Auto frage ich ihn vielleicht etwas frech, was er denn mit der Dame zu bereden hatte, und er sagt mir *Ich habe doch jetzt jemanden.* Und er erzählt mir, dass er versucht jeden Tag zehn Stunden zu arbeiten. Ohne Pause.

Wir treffen Kollegen und Robert bietet ihnen an, dass wir ihre Arbeit übernehmen. Robert will nicht von den Koordinatoren an eine Pause erinnert werden und so lange wie möglich fern von ihnen sein. Wir bringen die beladenen Gitterwagen der Kollegen, deren Auftrag wir nun übernommen haben, zu einem großen Zelt. Wir müssen mit den Wagen über eine abschüssige Wiese rollen. Das ist schwer. Immer wieder verkeilen sich die kleinen Räder in Grasbüscheln oder wechseln die Richtung. Im Zelt angekommen, stehen wir mitten in einer Küche. Köche reden mit Robert darüber, was wir ihnen gebracht haben. Ich versuche nur nicht im Weg zu stehen. Dann fragen die Köche, ob wir auch etwas mitnehmen können. Robert sagt ihnen fast überschwänglich, dass wir gerne etwas mitnehmen. Ich will eigentlich nichts mitnehmen. Mir ist nicht danach schwere Wagen über den Rasen den Berg hoch zu rollen oder sogar hoch zu tragen. Der Koch zeigt uns eine Gruppe vollbeladener Gitterwagen, die vorm Zelt stehen. Er beschwert sich bei uns, dass nie etwas abgeholt wird. Robert zeigt sich verständnisvoll. Er ruft einen Koordinator an, sagt ihm in empörten Ton, dass doch unbedingt mehrere Fahrer zum Zelt kommen sollen, um all die Wagen abzuholen.

Der Transport wird wie erwartet anstrengend. Am Auto angekommen schaut Robert in jeden Behälter den wir ins Auto geladen haben, auf der Suche nach Essbarem. Er isst trockene Nudeln und Himbeeren, die er von Desserts herunter nimmt, die den ganzen Tag in der prallen Sonne standen.

-Diese Leute hier. Du musst das auch mal machen. Nur um es gesehen zu haben.
-Was ist denn diesmal für eine Messe?
-Immo Trans. Für Züge.
-Ha, geil! Wie ist denn das Publikum?
-Freundlich.
Spackos.
Keine privat Leute.
-Ja, also ich kann mir gerade kein Bild machen, wie die Zug-Industrie so aussieht. Aber die Beschreibung "freundliche Spackos" hilft schonmal.

Vor dem Zelt angekommen treffen wir Lennart, der gerade an uns vorbei fahren will. Robert hält ihn an und sagt ihm, dass jemand doch mal zu dieser Küche fahren muss, von der wir gerade gekommen sind, weil da noch so viel Zeug rumsteht, die seien da ganz verzweifelt. Lennart sagt ihm, dass er einen anderen Auftrag hat und fährt weiter seinen Weg.

Nachdem wir das Auto entladen haben, sage ich Robert, dass ich in den Raum gehe, um mich mal blicken zu lassen. Im Raum erklärt Koordinator Robert gerade 30 neuen, wie man abräumt. Ich stelle mich kurz dazu, da kommt Robert, der Fahrer, und fragt mich, ob ich noch ein Mal mit ihm mitfahren will. Also gehe ich mit ihm mit. Wir sind drei Stunden unterwegs. Beim Schieben schwerer Gitterwagen, sieht mich Robert der Koordinator, und das freut mich. Ich vermittle einen fleißigen Eindruck.

Dann muss Robert, der Fahrer, irgendwann die Autoschlüssel abgeben, weil jemandem aufgefallen ist, dass er seit halb sieben in der Früh ohne Pause unterwegs ist. Also gehe ich in den Raum und werde direkt zum Abräumen geschickt. Zur Seite wird mir Typ mit wahnsinnig schlechter Haltung gestellt. Er ist kleiner als ich, aber nicht klein, hat einen Buckel, die Hände halten sich hinterm Rücken gegenseitig. Er trägt die Haare wie Elvis, nur dass er nicht annähernd so dichtes Haar wie Elvis hat. Aber auch dunkel. Heute ist sein erster Tag und das hier ist sein erster Auftrag. Während ich mit Robert unterwegs war, saß er einfach nur rum und wartete, bis ihm endlich jemand eine Aufgabe anvertraute. Das erzählt er mir, bis wir die Stände erreichen. Ich übernehme das Reden. Aber gleich wenn ich jemanden gefunden habe, den ich nach Leergut und Geschirr frage, kommt er mir nach und stellt sich ganz dicht neben mich. Gehe ich einen Schritt zur Seite, dann kommt er nach. Er riecht komisch. Zum Glück brauchen wir nicht lang für unsere Tour und ich bin ihn bald wieder los.

Ich bekomme zwei Aufträge - Getränke liefern. Dann mache ich Pause. Die Paletten, auf denen ich die letzten Tage meine Pause verbracht habe, sind jetzt nicht mehr da, also setze ich mich auf einen schmalen Betonvorsprung an einem Geländer und rauche. Es ist 18.34 Uhr und das erste Mal seit langem verspüre ich eine Notwendigkeit mich umzubringen.

Die letzte Stunde verbringe ich mit einem Sportstudenten. Ich finde, er hat eine Schauspielervisage. Wie die Hauptdarsteller in zweitklassigen Actionfilmen aus den 90ern sie haben. Also er hat irgendetwas perfektes und gleichzeitig irgendetwas bescheuertes in seinem Gesicht, aber man kann nicht sagen was und eigentlich sitzt ja alles am richtigen Ort. Er ist noch sehr jung und ich denke mir, dass das Bescheuerte noch aus ihm rauswächst. Er ist sehr nett und der erste Hertha BSC Fan, den ich überhaupt je getroffen habe.

Ich schaue dem Dicken, der vorgestern meinem Kollegen Dinge erklären wollte und dabei nicht bemerkte, dass dieser gar kein Deutsch spricht, dabei zu wie er sich anzieht. Ich konnte mir auf sein Aussehen die ganze Zeit keinen Reim machen. Ich habe ihn bis jetzt als fetten aggressiven Hipster wahrgenommen, der allen erzählt er sei der Chef der Logistik. Jetzt steht er auf ein Mal in Motorradkluft da und ich verstehe: Er will ein Rocker sein. Ich glaube nicht, dass er wirklich ein Rocker ist. Rocker würden so einen Job bestimmt nicht machen, aber sein Auftreten erscheint mir jetzt passend. Er verabschiedet sich locker von den Festangestellten, läuft breitbeinig durch den Raum und bevor er draußen ist ruft er *Tschüß Mädels!* in den Raum.

Auf dem Heimweg fahre ich wegen des neuen Notizbuches über Friedrichstraße. Es gibt Schienenersatzverkehr. Nach genau einer Haltestelle muss ich in einen Regionalexpress umsteigen, um weiter fahren zu können. Ich fühle mich fiebrig und steige versehentlich schon am Hauptbahnhof aus, bemerke den Irrtum aber gerade noch rechtzeitig.

In der S2 zur Bornholmer Straße fahrend, schaue ich mir meine neuen Notizbücher an. Die gab es im Dreierpack in pastelligen Farben. Dann fallen mir vier Männer auf die im Türbereich stehen. Nur vom Aussehen, würde man sie wohl als Geschäftsmänner bezeichnen. Vermutlich kommen die auch grad von der Messe. Sie unterhalten sich wie Schuljungs über Waffen. Der eine erzählt, womit er schon alles geschossen hat und was da nicht alles verrücktes passiert ist. Er sagt, dass er Bock drauf hätte, mitzuerleben, wie einer mit einer Waffe in der Bahn durchdreht, aber weil er eben darauf warte, würde so etwas nicht passieren. Ich frage mich kurz, warum er sich so etwas wünscht und komme zur Annahme, dass er selber eine Waffe bei sich trägt.

InnoTrans Tag 4

Ich bin so demotiviert, dass ich nicht einmal dran denke, meinen Fahrkarten-Spucke-Trick zu machen. Ich fühle mich angeschlagen und verbraucht und würde bei meinem Betrug keinen Spaß beim Sparen empfinden, sondern nur Stress. Wegen der Zeit, zu der ich zu arbeiten beginne, esse ich kein Frühstück, sondern gleich Mittag. Dadurch ist mein Magen jetzt voll und verträgt noch weniger Stress als ohnehin schon. Gleichzeitig gerate ich aber gar nicht in Stress, als ich bemerke, dass die Ringbahn ausfällt. Signalstörung. Deshalb ist der Zugverkehr unregelmäßig. Ich setze mich auf eine der Bänke, die aus drei Sitzen bestehen und warte. Nach unzähligen Durchsagen kommt dann doch eine Bahn und die ist zu meiner Verwunderung ganz leer. Und auch die Menschen, die mit mir warten, stürmen nicht hinein. Ich nehme an, dass das daran liegt, dass oben an der Bahn nur Gesundbrunnen steht. Aber einmal dort angekommen fährt sie einfach weiter und ich mache mir Hoffnungen noch pünktlich zu sein.

Ich hoffe auch sehr, dass man mich heute in Ruhe lässt. Marta schickt mich aber gleich Kuchen und anderen Süßkram liefern. Ich frage sie, ob ich das Zeug im Zelt oder in der Küche abholen soll. Sie sagt Zelt. Im Zelt sagt man mir Küche. In der Küche sagt man mir, dass ich sowas im Zelt abholen muss. Ich sage, dass ich von da komme und dass man mich in die Küche schickte. Man versucht mich noch drei Mal in das Zelt zu schicken, dann lässt man mich warten. Wenn man aus der Küche etwas abholt, dann sollte man stramm stehen. Die finden es nicht gut, wenn man da so lasch rumlungert. Nach zwanzig Minuten kommt einer in Kochkleidung und sagt ich soll in einer halben Stunde wieder kommen. Ich gehe zu Marta und gebe ihr den Schein zurück. Sie beauftragt einen anderen damit, denn ich muss jetzt Bier und Gläser zu irgendwelchen Briten bringen. Die fragen mich gleich beim Entgegennehmen der Ware, ob ich auch Müll mitnehme. Müll besteht in diesem Fall vor allem aus zwei großen Sushi-Platten, die ein Mann mit Schwung in eine meiner leeren Kisten befördert. *I don't know why anybody ordered this.* Auf dem Rückweg denke ich kurz nach, aber es ist Müll. Auch wenn es noch mit nichts anderem in Kontakt gekommen ist, so wie es da liegt ist es ist Müll.

Marta schickt mich auf eine Abräumtour mit ei-

nem Afrikaner. An einem Stand bemerkt er ein Miss-
verständnis zwischen mir und einem der Standar-
beiter und hilft mit Spanisch aus. Wir bekommen
RedBull geschenkt und gehen in eine weniger gut
einzusehende Ecke um es zu trinken. Dabei frage ich
ihn, ob Spanisch seine Muttersprache ist. Er lacht
und sagt, dass seine Muttersprache etwas ganz anderes sei. Dann sagt er, dass er sechs Monate in Spani-
en gelebt hat und deshalb Spanisch spricht und dass
er insgesamt sieben Sprachen sprechen würde.

Zurück im Raum kommt Jörg auf mich zu und
fragt, ob ich Zeit habe. Ich tue so als würde ich ihn
nicht verstehen. Er gibt auf, aber Koordinator Thomas sagt, ich soll ihm beim Abräumen im City Cube
helfen. Wir sind zu viert. Außer Jörg und mir ist noch
ein Junge dabei, der etwas dämlich aussieht, es aber
nicht ist und ein Hippie mit Bandana um den Kopf
geknotet, der mir die ganze Zeit erzählt, ich sei zu
negativ und ich solle Dinge entspannter sehen. Ich
mag ihn trotzdem irgendwie. Ich glaube, er ist um die
zehn Jahre jünger als ich. Man sieht mir an, dass ich
keine Lust habe und Jörg stellt sich ziemlich dämlich an. Wir brauchen sehr lange, aber ich entschließe
mich dazu, keine Hilfe zu sein. Der Hippie geht zu
beinahe jedem Stand und fragt, ob er etwas zu essen
haben kann. Es ist eine Art Sport für ihn und er ist
sehr erfolgreich darin.

Wir stecken fest. Sehr viele Menschen stehen im

Gang und blockieren ihn somit, weil sie einer Präsentation eines polnischen Unternehmens folgen, die auf einem großen Fernsehgerät abgespielt wird. Ich weiß nicht, wie so etwas technisch Möglich ist, aber die Präsentation springt an unterschiedlichen Stellen zurück zu einer anderen und wir sehen uns diese eine Szene kurz nach dem Sprung immer wieder an, bis jemand die Präsentation abbricht. Die Menschen sind etwas peinlich berührt und fünf junge Typen in Kostümen stellen sich vor dem Fernsehgerät auf und fangen an zu singen. Sie haben einen A cappella Auftritt und zwei von ihnen machen mit dem Mund die Beatbox. Ich gehe weg, nehme meinen Gitterwagen mit und warte in Entfernung zum polnischen Stand. Der Hippie kommt und sagt, ich würde mich von zu vielen Dingen beeinflussen lassen. Auf dem Weg zurück zum Raum erzählt er mir davon, dass er Tee raucht und Zahnpasta selber anmischt und von Zufällen im kollektiven Gedächtnis. Steffen kommt uns entgegen. Er hebt seinen Arm, streckt die Hand aus und ich mach's ihm nach. High Five, ohne stehen zu bleiben. So geht er sehr zufrieden schauend in seinen Feierabend.

Ich trinke Limo und Stefan kommt zu mir. Er erzählt mir, dass er den ganzen Tag schon mit denen in den roten Polohemden arbeiten muss und dass er das nicht mehr machen wird. Die in rot beliefern die gastronomischen Einrichtungen. Er sagt, die seien alle

Vollassis, die sich nur in Fäkalsprache unterhalten.

Ich komme mit meinem Wagen an einen Stand, an dem ich schon gestern war. Da arbeitet eine hübsche nette Dame. Am Vortag half sie mir beim Zusammenräumen der sperrigen Dinge, die ich abholen musste, doch heute ist sie nicht da. Einer ihrer Kollegen sagt mir, dass es heute nichts gibt, das ich mitnehmen kann. Ich will gerade wieder gehen, da werde ich an der Schulter festgehalten. Da steht das Mädchen und sagt, dass ich auf gar keinen Fall gehen könne, denn es gäbe sehr viel, das ich mitnehmen müsse. Sie hilft mir wieder beim Zusammentragen und beim entleeren des Wasserbades vom Cavendish. Dabei unterhalten wir uns und sie fragt mich, warum ich so einen miesen Job habe. Ich sage ihr, dass ich das auch nicht weiß und nicht, dass ich unfassbar verzweifelt bin. Sie sagt, dass das hier schon ihrer dritte Messe in einer Reihe ist und dass sie Montag gleich weiter nach Hamburg fährt. Sie sagt, ich solle einfach wie sie als Hostess arbeiten. Ich antworte *Das kann ich nicht. Schau mich mal an.*

Mit dem Hippie und dem dämlich aussehenden Jungen bin ich auf einer abschließenden Runde. Die Hallen sind menschenleer, weil die Messe schon seit einer Stunde für Besucher geschlossen ist. Die beiden sind nur auf der Suche nach Essen, Kugelschreibern oder anderen Dingen die sie mitnehmen können und so bin ich beim Abarbeiten der Liste ziemlich allein.

Ich fahre das eingesammelte Geschirr in den Fahr-stuhl, um es zur Spülküche zu bringen. Ich sage den beiden, sie sollen nachkommen, wenn sie mit dem Leergut fertig sind. Ich warte zehn Minuten und fra-ge mich, was die beiden so lange machen, da geht die Fahrstuhltür auf und der Hippie kommt auf seinem Wagen stehend wie ein Surfer heraus gefahren.

-Hast du schon gesagt, dass du bald Feierabend machst?
-Ich mach mich jetzt aufn Weg.
-Denkst du, du kannst von irgendwo Limo mitbringen? Leider fühle ich mich zu schwach um dich an der Halte-stelle abzuholen
-Ich wollt grad eine klauen. Aber ich wurde abgefangen. Ich habe doch kein Bargeld einstecken Baby.
-Ach Mist
-Ja das war voll scheiße. Ich wusste wo noch volle Fla-schen im Getränkelager standen. Aber auf dem Weg
fragte mich einer der Chefs, ob ich mich verlaufen hätte. Da musste ich mir ne Geschichte einfallen lassen, von we-gen dass ich die Tür nicht auf bekomme. Und dann ist er auch nicht einfach verschwunden.
-Oops

InnoTrans Tag 5

Heute ist der letzte Tag. Dementsprechend bin ich entspannt, auch wenn ich Bedenken habe, was die heutige Arbeit angeht. In der Bahn sitzt mir ein Mann gegenüber, Halbglatze, sehr schlank, vielleicht 50. Auf seiner Jacke steht Cobolt-Sport. Für eine Weile denke ich, diese Jacke sei eine Art Security Uniform und der Mann käme von einer sehr langen Nacht-schicht, denn er schläft. Er wacht kurz auf, schaut aus dem Fenster ins Licht und fällt in seine alte Schlafpo-sition zurück. Das heißt, sein Kopf hängt vorn über. Da sehe ich, dass ihm Rotze aus der Nase läuft. Das kann ich jetzt nicht gut verkraften, also scheuche ich den sehr dicken Mann zu meiner Linken auf und setze mich direkt hinter ihn. An der Haltestelle ICC/ Messe Nord steht die Bahn ungewöhnlich lang.

Ich habe die gesamten fünf Tage nicht ein Mal mein Polohemd gewechselt und befürchte, dass es seltsam riecht. Aber ich war immer zu spät dran, um mir vor der Arbeit ein neues geben zu lassen und hatte es danach zu eilig beim Verschwinden. Ich habe immer ein T-Shirt unter dem Polo getragen und das auch gewechselt. Allerdings lag das Polo, wenn ich es nicht gerade trug in meinem Rucksack mit den Stahlkappenschuhen, die nach ein paar Tagen wirklich stinken.

Gerade habe ich mit Fahrer Robert eine Lieferung gemacht und wir schlendern ganz langsam durch die Messehallen zurück. In Halle 4.2 sage ich ihm, dass er kurz warten soll und gehe zum Stand der Hostess, die die letzten Tage so nett zu mir war. Ich gehe an ihren Mitarbeitern vorbei, klopfe an die Tür des Standes und öffne sie. Ich sage ihr, dass ich nur Tschüß sagen will, weil ich nicht weiß, ob ich heute noch ein Mal hier vorbei komme. Sie freut sich. Ich habe ihr an einem der vorangegangenen Tage erzählt, dass ich Maler bin und gebe ihr deshalb eine meiner Karten, auf denen der Name meine Internetseite steht. Sie schaut mich an und fragt mich, was sie damit machen kann. Ich sage *Bilder gucken.* Und sie fragt *Und was noch?* Und ich sage *Bilder gucken.* Sie fragt mich, was ich heute Abend mache, dass sie gern ins Kater Blau gehen würde, weil sie schon so viel davon gehört hätte. Ich sage ihr, dass ich nicht weiß, wie lang ich heute arbeiten muss, dass es aber sehr spät werden kann. Sie fragt *Und morgen?* Ich erzähle ihr, dass am Montag mein neuer Job beginnt und dass ich fit sein muss und dass mit mir und Party nicht viel geht. Die Situation ist uns beiden sehr unangenehm.

Steffen macht Feierabend. Er hatte Frühschicht. Er geht zu Robert und Marta und lässt sich austragen. Dann geht er zu jedem Koordinatoren bzw. Festangestellten einzeln und gibt High Five. Dabei strahlt er, als wären wir auf dem Mars gelandet.

Die Stunden vergehen sehr langsam. Wir warten alle aufs große Abräumen. Immer wieder gehe ich raus rauchen. Auf dem Rückweg komme ich an einem Versteck vorbei, in dem Essen steht. Zwei Kollegen ermutigen mich zuzugreifen. Ich nehme etwas von dem Sushi. Es ist warm und eklig. Ich habe die Sorge mir damit eine Lebensmittelvergiftung geholt zu haben.

Im Raum sind wir 30 oder 40 Menschen, vielleicht auch mehr. Irgendwann kommt ein Mann mit Halbglatze in den Raum und hält eine Ansprache. Ich habe ihn schon ab und zu hier gesehen, weiß aber nicht wer das ist. Er bedankt sich für unsere gute Arbeit.

Danach versucht Koordinator Robert uns in Teams aufzuteilen. Ich beobachte, wie er aufteilt. Es gibt drei Gruppen, sortiert nach Erfahrung, Grad der Beschränktheit und Deutsch-Kenntnissen. Ich habe keine Lust darauf, der Teamleader mit sonderpädagogischem Profil zu sein und ignoriere die Zuteilung, angestiftet von Stefan. Schon lange vorher haben wir abgemacht, dass wir beide gemeinsam fahren. Wir bekommen eine Liste der Stände, die wir abklappern sollen. Alle im Außenbereich, den ich jetzt zum ersten Mal sehe. Man hat da viele Züge, Straßenbahnen und Maschinen auf Schienen aufgebaut. Es ist ein sehr sommerlicher Abend, nur Ende September, also geht die Sonne schon zeitiger unter. Wir lassen uns Zeit, trinken Cola oder Apfelsaft, rauchen und reden über den BFC Dynamo, andere Berliner Fußballclubs und Dynamo Dresden.

Die vollen Flaschen und Kästen nehmen wir mit, wenn die Leute am Stand das so wollen, werden aber wieder nur als Leergut auf unseren Listen vermerkt. Nach unserer Tour bringen wir alles ins Zelt. Man stapelt und sortiert die Kästen auf Paletten. Die vollen Kästen kommen auf eigene Paletten. Ich bin überrascht über so offensichtlichen Betrug.

Wir gehen zu Robert und er schickt uns in Halle 1 und 2, die wir zu Fuß ablaufen sollen. Es ist schon sehr spät und ich bekomme nicht mehr viel mit, also laufe ich die meiste Zeit Stefan hinterher, während um uns herum die Messebauer entweder Stände abbauen oder ganz dicht mit ihren Autos an uns vorbei fahren. Wir haben Probleme unsere Wege zu gehen, da mindestens die Hälfte der Aufzüge abgestellt sind. Unmotiviert laufen wir dennoch Halle 1.2 und 2.2 ab und danach sogar noch 7.1. Dann warten wir mit Tobias direkt vor Halle 7.1 an einem LKW, dessen Laderampe sich heruntergefahren auf dem Boden befindet. Um die geöffnete Hinterseite des LKWs stehen Paletten mit sortierten, Getränkekisten und Gitterwagen mit allem möglichen Zeug drin. Steffen nimmt sich eine 0,2 Liter Flasche Coke aus einem Kasten und trinkt sie. Ich mach es ihm nach. Der Zucker ist gut! sagt er und ich glaube zu spüren, dass er Recht hat.

Der Dicke mit dem Bart kommt. Er hat einen kleinen dabei, der auch einen Bart hat. Dazu trägt er eine Brille mit großem Rahmen, er hat dünnes Haar, das er mit Würde trägt. Für die Kürze seiner Beine sind seine Hosen viel zu eng. Er ist mir auch schon die letzten Tage aufgefallen und er scheint nett zu sein, gehört aber zu den Koordinatoren für die Fahrer und ich habe nicht viel mit denen zu tun. Er und der Dicke sind betont gut gelaunt und energiegeladen. Man bittet mich die Gitterwagen mit der Frischhaltefolie einzupacken. Das mache ich gerne. Danach kommen diese Paarweise auf die Laderampe und werden im LKW verstaut. Das ist schon etwas anstrengend, aber mein Kreislauf fährt dadurch wieder hoch. Der Dicke steht jetzt mit mir und Tobi im LKW und packt richtig an und alles geht zack zack und bum. Nebenbei erzählt er Tobias, wie man die Wagen richtig sortiert. Es passen mehr rein, wenn du sie quer stellst! Dann geht er zu einem Wagen hin und reißt an diesem zweihundert Kilo schweren Ding herum, bis sich die Ausrichtung des Dings sich geändert hat. Dann schaut er zufrieden und macht bei den anderen Wagen weiter. Die Wagen stehen dicht beieinander, es gibt nicht viel Platz sie zu bewegen und durch die Folie kleben sie aneinander, aber die schwierigen Umstände scheinen den Dicken nur noch mehr zu motivieren. Zack zack bum. Nebenbei sagt er *Ich mache das hier schon seit 15 Jahren.* Er sagt das, als müsse man davor Respekt haben und als bräuchte man so viel Zeit um das Knowhow aufzubringen Gitterwagen in einem LKW richtig zu sortieren. Aber was auch immer man von der Tätigkeit hält, die er seit 15 Jahren ausführt - er ist ein Experte darin!

Mitten drin, in meine Arbeit vertieft, ruft mich Tobias heran. Ich solle sofort zu Robert gehen, sagt er. Ich gleiche noch schnell ein paar Zettel mit ihm ab, dann verabschiede ich mich von Tobias, dann von Stefan und gehe Richtung Raum. Kurz davor treffe ich Rüdiger. *High Five! Bis zum nächsten Mal!* Ich hoffe so sehr, dass es dazu nicht kommen wird. Robert sitzt hinterm Tisch.

-Wir haben ein Problem. Du hast zu viel gearbeitet. Ich muss dich um 22.45 Uhr nach Hause schicken. Also jetzt. Du hast aber keine Pause gemacht und du hättest 45 Minuten Pause machen müssen. Ich weiß nicht, was ich aufschreiben soll. Mehr als zehn Stunden darfst du nicht arbeiten.

-*Schreib mir Stunden für morgen auf.*
-*Bist du morgen da?*
-*Ne. Was ist mit gestern? Hast du die Karte von gestern hier noch irgendwo rumliegen?*

Er kramt zwischen den Ordnern und findet schließlich die Karte vom Vortag. Er ändert die Zahlen und rechnet herum. Da er eine Stunde mehr beim Vortag einträgt, komme ich auf neun Stunden, und er muss auch eine viertel Stunde mehr Pause dazu eintragen. Dann nimmt er sich den heutigen Tag vor. Alles was er sagt, scheint Sinn zu ergeben. Er sagt *Gute Idee. Danke.* Ich gehe zu meinem Rucksack, wechsle Schuhe, zieh das Polo aus und beginne an Roberts Rechnung zu zweifeln. Ich rechne immer wieder die Stunden im Kopf zusammen, ziehe Pausen ab und merke, dass ich längst vergessen habe, was Robert da eigentlich aufgeschrieben hat. Ich rufe ihm noch *Machs gut!* zu. Vorm Raum bleibe ich stehen und überlege, seine Rechnung noch mal anzusprechen. Aber ich lasse es. Ich gehe noch mal zur Halle 7c, werfe mein Polo, das ich die gesamte Woche nicht gewechselt habe, mit einem Zettel, auf dem mein Name steht in den Gitterwagen und fahre nach Hause.

So ist es

Eine Kopie eines Arbeitsvertrags habe ich nie erhalten. Ich rief ein paar Mal an, sagte Herrn Schmidt, dass ich einen benötigen würde. Er sagte, es würde am Chef liegen, da der alles persönlich unterschreiben wolle und dass ich bald den Arbeitsvertrag erhalten werde. Irgendwann habe ich aufgehört zu fragen.

Am 14. Oktober überprüfte ich meinen Kontostand und stellte fest, dass ich noch nicht bezahlt wurde. Ich rief Herrn Schmidt an. Er sagte, dass es bis zu *14 Werktage!* dauern könnte. Also am Freitag sollte es dann allerspätestens da sein. Eigentlich schon früher, ganz bestimmt! Aber absolute Deadline: Freitag. Am Freitag war das Geld dann auch da. Nicht annähernd so viel wie ich erwartet habe. Ich war aufgebracht, versuchte Herrn Schmidt zu erreichen - er ging nicht ran. Ich machte mich auf den Weg ihn persönlich zu treffen. Herr Schmidts Auszubildender kam mir gleich entgegen, als ich die Räumlichkeiten betrat, und fragte mich, warum ich denn gekommen sei. Ich sagte, ich würde Herrn Schmidt suchen. Der Auszubildende sagte, dass Herr Schmidt noch nicht da sei und fragte nach meinem Namen. Als ich ihm den sagte, ging er weg, kam kurz darauf aber wieder und gab mir einen Briefumschlag. Darin befand sich ein Zettel auf dem unter anderem meine Arbeitsstunden, mein Bruttogehalt und meine Abzüge standen. Unterm Strich dann Nettogehalt und alles ergab Sinn. Ich war etwas belustigt, immer noch enttäuscht, aber nicht mehr wütend und ging, ohne noch weiter von jemandem beachtet worden zu sein, nach Hause.

Weil ich dachte, dass ich muss

www.alexanderdenkert.com

www.kunstundkapitalismus.com

Weil ich dachte, dass ich muss

set the lake on fire